O ERRO DE KELSEN:
para além do Direito

T. L. N. Grünewald

AGRADECIMENTOS

Serei sempre muito grato aos meus pais, entre tantas ações, pelo constante auxílio crítico e material que minha mãe, NORMA ASTRÉA, me deu ao longo da pesquisa, tentando entender o que era, até então, um devaneio, bem como o indescritível apoio do meu pai, THOR LEIF, nos anos do curso de Direito. Agradeço-lhes, em especial, por imbuírem em mim uma aversão à mediocridade;

Ao MSc. LEIF ERICKSSON NUNES GRÜNEWALD, antropólogo cujo conhecimento imensurável modelou em mim, a sua semelhança, uma perseverança acadêmica na capacidade técnica e na qualidade da investigação científica. Acredito que encontrei uma das respostas, meu irmão;

À ANA CLAUDIA, por me acompanhar, por ser a guarda e o suporte, mas também por me fazer dormir quando eu não queria, mas precisava;

Ao Des. SERGIO BIZZOTTO PESSÔA DE MENDONÇA, pelo exemplo, pela atenção, por confiar e por acreditar, sem titubear, em minha capacidade intelectual;

À MSc. STEFANIA BECATTINI VACCARO, por me advertir sobre a complexidade desse assunto e pela leitura crítica do projeto de pesquisa, cuja opinião foi muito valiosa;

Ao Dr. ALEX ROBERTO MACHADO, cuja crença na Psicologia Comportamental fez a minha no Behaviorismo Radical, devo-lhe o ensino e a orientação;

Aos conspícuos, humildes e dedicados Procuradores da República, JÚLIO CESAR DE CASTILHOS OLIVEIRA COSTA e LEANDRO BOTELHO ANTUNES, que confiaram sem qualquer receio nas minhas habilidades enquanto estagiário em suas assessorias, com os quais compartilhei fragmentos desta pesquisa e tive proveitosas conversas;

Aos queridos amigos que fiz no curso, na Vara Federal de Linhares-ES, na Procuradoria da República de São Mateus-ES e no ônibus que me levava à Procuradoria, os quais não citarei os nomes porque, além de não haver espaço para tantos, não pretendo ser injusto com as omissões;

Ao Dr. BURRHUS FREDERIC SKINNER, que se tornou imortal com seus livros, por me guiar, salvar, libertar, e por inovar. Que você fique orgulhoso, meu amigo.

Se eu puder ver além será porque esses gigantes me ergueram.

À humanidade, porque ela precisa ir além.

Talvez a ciência nunca nos tenha compelido a rever de forma mais radical um ponto de vista tradicional sobre um assunto, nem houve jamais assunto mais importante. Segundo a imagem tradicional, a pessoa percebe o mundo à sua volta, seleciona os aspectos a apreender, discrimina-os, ajuíza do seu valor, transforma-os para melhor (ou para pior, se for descuidada), e poderá ser responsabilizada pelas suas ações e justamente recompensada ou punida pelas conseqüências. De acordo com a imagem científica, a pessoa é um membro de uma espécie modelada por contingências evolucionárias de sobrevivência, apresenta processos comportamentais que a submetem ao controle exercido pelo ambiente em que vive e, de uma maneira geral, ao controle exercido por um ambiente social que ela e milhões de outras pessoas como ela construíram e preservaram durante a evolução de uma cultura. Deste modo, o sentido da relação de controle inverte-se: a pessoa não atua sobre o mundo, o mundo é que atua sobre ela.

B. F. Skinner[1]

1   SKINNER, Burrhus Frederic. **Para além da Liberdade e da Dignidade**. Trad. Joaquim Lourenço Duarte Peixoto. Lisboa, Portugal: Edições 70, 2000.

APRESENTAÇÃO DA 1ª EDIÇÃO

Caro leitor,

Jamais houve época mais obscura que os tempos em que vivemos, apesar da luz intensa que a Ciência irradia sobre a condição humana. Talvez por esse período tão nefasto, as palavras desconhecidas que apresento à humanidade são imprescindíveis hoje, com a certeza de que serão óbvias amanhã.

O cidadão comum, nessa época, pode ser estigmatizado no conceito de um homem que trabalha, chega em casa, ama sua mulher e seus filhos, trabalha novamente, compra um artigo qualquer em uma loja qualquer com o dinheiro que recebe de seu trabalho. Trabalha, ama, compra, assiste as novelas, futebol, comerciais, vê outdoors, compra um pouco mais, e assim segue o cotidiano.

Obviamente, não é a única imagem que a sociedade nos fornece. Existem também os cidadãos que se põe acima de outros, embora sejam seus iguais. Tais personagens são frequentemente vistos ostentando os itens mais desejados pelos seus, por assim dizer, subordinados. Certamente, há uma infinidade de outros exemplos.

Essa faceta social – já que a sociedade é um fenômeno mais complexo que o retrato que foi feito – é suficiente para que conheçamos a obscuridade desses tempos. São tempos de uma prisão cujas grades e barras de ferro não são vistas, não porque não existam, mas porque somos ensinados a não lhes dar qualquer importância.

Nesse contexto, a Ciência não tem sido só o acalento para nós, presidiários, em alguma noite fria ou momento em que tentamos entender as crueldades que fizemos a nós mesmos e aos nossos iguais. A Ciência é o caminho para enxergarmos as grades que já não vemos.

Um cientista – principalmente um cientista radicalmente comportamental – poderá entender porque, no exemplo acima, pode-se dizer que todas as atividades humanas listadas são comportamentos definidos por contingências culturais que buscam apenas uma coisa: que você trabalhe muito, mas não se dê conta de que é um escravo, tal qual aquele que se posta diante de uma máquina caça-níqueis e se contenta com as poucas vitórias que consegue, esquecendo que a máquina é programada para fazê-lo perder sem perceber. Perdendo e sorrindo.

O mesmo cientista poderá ver que aqueles que se impõe sobre outros, de qualquer forma que isso aconteça, são igualmente escravos: creem que podem controlar seus iguais, mas não se lembram de que são também controlados por aqueles que, não raro, chamam pejorativamente de inferiores. Exemplos disso podem ser encontrados nos manuais de História, sendo, talvez, a mais conhecida a Queda da Bastilha, na França.

Logo, o cientista já é capaz de perceber que senhores e servos, espécies idênticas, habitam a mesma jaula, digladiando-se pela ascensão e, em decorrência, pela sobrevivência de si, daqueles que lhes são afins, e de suas práticas culturais. Mas a Ciência nos permitiu mais.

O presente livro vem mostrar uma das barras de ferro mais antigas da prisão na qual está inserida a condição humana, e certamente a mais dolorosa de ser vista. Com essa barra, acreditamos estar seguros, que conseguimos o mínimo de controle e conforto.

A barra é o Direito e nós estamos enganados.

Se, ao final do livro, houver qualquer discordância, volte aqui, releia todo o livro e tente imaginar um mundo maravilhoso de possibilidades concretas em um futuro verdadeiramente livre.

Não tenha medo se aquilo que está além da cadeia parecer utópico, surreal ou inalcançável. Existem duas razões para essa impressão: a primeira é que aquilo que está além só parece assim porque você não experimentou.

A segunda, parafraseando o professor Dr. Alex Roberto Machado, o mundo sem o Direito pode até ser utópico, mas é extremamente mais surreal acreditar que o Direito é a solução dos problemas da humanidade.

Linhares, 13 de dezembro de 2010,

T. L. N. Grünewald

SUMÁRIO

1 INTRODUÇÃO 15

2 ERNST MACH E O CÍRCULO DE VIENA 23
2.1 ERNST MACH E A CIÊNCIA.. 24
2.2 O CÍRCULO DE VIENA: REVOLUÇÃO NA CIÊNCIA 39

3 A IMPUTAÇÃO DE KELSEN 53
3.1 KELSEN E O CÍRCULO DE VIENA 53
3.2 A OBRA DE HANS KELSEN.. 57
3.3 IMPUTAÇÃO: POR UMA CIÊNCIA DO DIREITO 65

4 O BEHAVIORISMO RADICAL DE B. F. SKINNER 81
4.1 SKINNER E MACH.. 82
4.2 A OBRA DE B. F. SKINNER 84
4.3 CAUSALIDADE: POR UMA CIÊNCIA DO COMPORTAMENTO 92
4.4 O PROBLEMA DA SANÇÃO 100

5 CONCLUSÕES 115
5.1 O MUNDO ALÉM DO DIREITO 117

CAPÍTULO 1
INTRODUÇÃO

O panorama jurídico no Brasil de 2010 revela-se profundamente influenciado pelo pensamento do austríaco Hans Kelsen (1881-1973), que aventou a possibilidade de uma Ciência do Direito (KELSEN, 1998a, 1998b, 1998c, 1971; COELHO, 2001). Sobre esse autor, Ferraz Junior[2] (1981 apud COELHO, 2001, p. XI) afirma que ele foi um "Jurista de extraordinário valor, dele pode-se dizer que foi um divisor de águas para toda a teoria jurídica contemporânea".

Contudo, a sua influência não ocorreu sem questionamentos pelos mais diversos autores do Direito, que ora defenderam uma ciência jurídica dependente de outras disciplinas científicas ou com outros métodos, ora pregaram a absoluta negação da proposta kelseniana (FERRAZ JUNIOR[3] apud COELHO, 2001; KELSEN, 1998c). Relembrando as críticas feitas pelos doutrinadores, Ferraz Junior[4] (1981 apud COELHO, 2001, p. XVI), diz que:

> A redução do objeto jurídico à norma causou inúmeras polêmicas. Kelsen foi continuamente acusado de reducionista, de esquecer as dimensões sociais e valorativas, de fazer do fenômeno jurídico uma mera forma normativa, despida de seus caracteres humanos.

---

2   FERRAZ JUNIOR, T. S. Por que ler Kelsen, hoje. **O Estado de São Paulo**, São Paulo, 1º nov. 1981. Cultura, n. 73, págs. 12-13.

3   Ibidem.

4   Ibidem.

Contudo, esclarece Ferraz Junior[5] (1981 apud COELHO, 2001, p. XVI) que

> Sua intenção, no entanto, não foi jamais a de negar os aspectos multifaciais de um fenômeno complexo como é o direito, mas de escolher, dentre eles, um que coubesse autonomamente ao jurista. Sua ideia era a de que uma ciência que se ocupasse de tudo corria o risco de se perder em debates estéreis e, pior, de não se impor conforme os critérios de rigor inerentes a qualquer pensamento que se pretendesse científico.

Então, apesar da incompreensão generalizada, Hans Kelsen influenciou o mundo jurídico com sua teoria, defendendo-a como um estudo autônomo e científico, contribuindo para uma crença universal na cientificidade do Direito (COELHO, 2001).

Ocorre que não se tem conhecimento de nenhuma crítica que tenha sido feita especificamente à construção argumentativa dessa teoria, entendendo profundamente suas fundações para provar um eventual equívoco na exposição desse jurista austríaco. O que se sabe é que as críticas que foram feitas analisaram superficialmente o seu discurso para, dessa forma, propagandear outras ideologias embutidas (COELHO, 2001; KELSEN, 1998c). Nesse sentido, Kelsen (1998c, p. XVIII) concorda:

> [...] é compreensível que os opositores se sintam pouco inclinados a fazer justiça a uma teoria que põe tais exigências [renúncia a uma posição de destaque]. **Para a poder combater, não se deve reconhecer a sua verdadeira essência.** Assim, acontece que os argumentos que são dirigidos, não propriamente contra a Teoria Pura do Direito, mas contra a sua **falsa imagem**, construída segundo **as necessidades** do eventual **opositor**, [...]. [Sem grifo no original]

---

5 Ibidem.

Diante disso, é necessário um debate inovador na Ciência, que, com métodos próprios, busque avaliar a essência da proposta kelseniana – ressalvada a advertência de Coelho (2001, p. IX) de que esse austríaco "[...] não é autor de leitura fácil" – e se contraponha a ela com esse entendimento, como o próprio Kelsen reconhece que não foi feito.

Por isso, partindo da função da ciência, encontra-se em Mach (1919, p. 490, tradução do autor) uma justificativa, na qual afirma que a ciência precisa ser testada, isso é, confirmada:

> A função da ciência, como nós a concebemos, é substituir a experiência. Desse modo, por um lado, a ciência deve permanecer no campo da experiência, mas, por outro, **deve ir muito além dele, constantemente à espera de confirmação, constantemente esperando o inverso**. [Sem grifo no original]

Mas é Popper (2004, p. 26) quem sugere a metodologia científica aplicável às ciências sociais, utilizável neste trabalho e que complementa o que Mach disse: "[...] o método da ciência consiste na escolha dos problemas interessantes e na crítica de nossas permanentes tentativas experimentais e provisórias para solucioná-los". E mais:

> a) O **método das ciências sociais**, como aquele das ciências naturais, consiste em **experimentar possíveis soluções para certos problemas**; os problemas com os quais iniciam-se nossas investigações e aqueles que surgem durante a investigação. As soluções são propostas e criticadas. Se uma proposta **não está aberta a uma crítica pertinente**, então é **excluída** como **não científica**, embora, talvez, apenas temporariamente. [Sem grifo no original] (POPPER, 2004, p. 16)

> b) Se a solução tentada está aberta a críticas pertinentes, **então tentamos refutá-la**; pois toda crítica consiste em **tentativas de refutação**. [Sem grifo no original] (POPPER, 2004, p. 16)

> [...] O que criticamos é, precisamente, **a pretensão de que uma teoria é verdadeira**. O que tentamos demonstrar como crítica de uma teoria é, claramente, que essa pretensão é **infundada**, que ela é **falsa**. [Sem grifo no original] (POPPER, 2004, p. 27)

Logo, considerando o método de Popper, se a teoria kelseniana é ou se afirma científica e uma solução para os problemas da humanidade, então contra ela podem e devem ser feitas algumas tentativas de refutação. Ainda, a fim de construir uma crítica nova e relevante, Popper (2004, p. 67) também defende o que é preciso ser feito:

> Em primeiro lugar, para que uma nova teoria constitua uma descoberta ou **um passo avante**, ela **deve conflitar com a sua predecessora**; isto é, deverá conduzir a pelo menos alguns resultados conflitantes. Porém isto não significa, sob um ponto de vista lógico, que ela deva contradizer sua predecessora; **ela deve derrotá-la**. Nesse sentido, o progresso da ciência – ou, ao menos, o progresso notável – é sempre revolucionário.

Então, com o método de falsear a teoria (POPPER, 2008), ou seja, tentando sempre derrotá-la (POPPER, 2004), para, assim, dar um passo adiante na área científica, mostra-se relevante a pesquisa que apure eventual equívoco cometido por aquele advogado do positivismo jurídico, porém, buscando entender a proposta dele antes de confrontá-la. A tentativa de refutação, portanto, não deve ter por objetivo convencer os estudiosos com outras filosofias ocultas nos seus argumentos, estudando superficialmente aquela teoria jurídica; ela deve é encontrar evidências para sustentar as afirmações críticas e, se possível, propor uma teoria completamente nova (POPPER, 2004).

A tentativa aqui feita contra a teoria de Kelsen é para saber se é errada a frase "O Direito é ciência", como ele quis e formulou. O cerne dessa questão é o que Taleb (2008, p. 92) falara:

[...] Estou dizendo que uma série de fatos corroborativos não é necessariamente evidência. Ver cisnes brancos não confirma a não existência de cisnes negros. Contudo, existe uma exceção: **eu sei qual afirmação está errada**, mas não necessariamente qual afirmação está correta. Se vejo um cisne negro, posso confirmar que todos os cisnes não são brancos! [Sem grifo no original]

Dessa forma, apesar das opiniões de muitos operadores do Direito sobre a cientificidade dessa matéria, com arrimo em muitas experiências pessoais que eles acreditam confirmar esse caráter científico, elas não são evidências absolutas dessa cientificidade; sendo fundamental que, para se por como ciência, o argumento de Kelsen seja submetido a provas, a tentativas de refutação, isso é, ele precisa ser apresentado ao seu inverso, pois acredita-se que a Ciência precisa saber se o Direito é errado ou não.

Considerando isso, supõe-se que, se, após a pesquisa, a Ciência do Direito sobreviver à refutação, então o positivismo jurídico kelseniano estará baseado em provas científicas, o que ainda não está, e corroborado porque sobreviveu ao falseamento (POPPER, 2008), isso é, a uma pesquisa que tentou derrotá-lo. Assim, poucas dúvidas existirão acerca de escolhê-lo para solucionar os conflitos da humanidade.

Todavia, na hipótese dele estar errado e não conseguir fundar sua ciência, o Direito brasileiro precisará ser revisto em suas bases epistemológicas, já que um dos principais discursos por um Direito científico – o de Kelsen – estará derrotado.

Por isso, faz-se necessária uma pesquisa de cunho negativo, isso é, aquela que busque encontrar fatos contra a premissa kelseniana, aquela que objetive refutar essa teoria (POPPER, 2004), pois, em harmonia com Taleb (2008, p. 92) "podemos chegar mais perto da verdade através de instâncias negativas [...]". Essa técnica, como visto, é o instrumento básico do método científico e o que leva ao progresso nas ciências (MACH, 1919), até mesmo as sociais (POPPER, 2004).

A pesquisa, para satisfazer o requisito de ineditismo e relevância científica (MACH,1919; POPPER, 2004), objetivou a compreensão do argumento de Kelsen para, então, fazer uma nova crítica, diferente das já realizadas, tentando derrotar sua teoria. Para tanto, formularam-se as seguintes perguntas: quais os referenciais teóricos de Kelsen para sua Ciência do Direito? Quais os seus argumentos? Como eles podem ser interpretados? Quais os pontos de sua abordagem precisam ser melhor testados cientificamente? Como eles podem ser criticados?

Para isso, e tendo em vista sempre a lição de Rodrigues (2006, p. 141-142) de que "Para haver discordância é necessário supor que haja conhecimento sobre o objeto criticado", fez-se uma pesquisa bibliográfica sobre os referenciais teóricos usados por Kelsen na construção de sua Ciência do Direito, ou seja, Ernst Mach e o Círculo de Viena, a fim de entender o contexto ideológico em que esse jurista estava inserido e as filosofias nas quais ele se embasara para conceber o Direito como ciência, tudo para sanar aquelas questões.

Com esses conhecimentos, aprofundou-se a pesquisa nos principais textos em que aquele positivista expunha sua visão sobre a cientificidade jurídica, interpretando sua proposta e identificando os seus pontos frágeis. A partir disso, verificou-se que Kelsen não seguiu seu referencial teórico e que, dentro do mesmo parâmetro ideológico, são os experimentos de B. F. Skinner que atacam as fraquezas de Kelsen, pelo que se procurou discriminar e compreender a produção intelectual de Skinner, suas criações e em que conflitam com a justificativa kelseniana.

Os resultados são, então, organizados neste trabalho na seguinte forma.

Na primeira seção, apresentou-se Ernst Mach e suas contribuições que inspiraram tanto Kelsen quanto Skinner, bem como se definiu o movimento chamado de Círculo de Viena, pois essas informações serão úteis para interpretar os que foram inspirados.

Na segunda seção, na qual o tema é Hans Kelsen, narra-se como o autor em foco se conecta ao Círculo de Viena e conhece os trabalhos de Mach. Além disso, faz-se uma análise sobre o todo da obra kelseniana que objetiva a proposição de uma Ciência do Direito e se aprofunda a compreensão do seu principal argumento pela cientificidade desse conhecimento: a imputação.

Na terceira seção, cujo assunto é B. F. Skinner, também se explicita o modo como ele se liga a Mach e rejeita o Círculo, fornece-se breves considerações sobre o arcabouço teórico skinneriano e, finalmente, os resultados dos testes experimentais que o cientista em discussão realizou e que sejam relevantes para este trabalho.

Ao final desse empreendimento científico, concluiu-se a imputação é uma ficção, isso é, uma falsa explicação dos fenômenos comportamentais e que o Direito, erguido por Kelsen, não é uma ciência, nem está próximo de solucionar os problemas da humanidade.

As implicações de uma ciência do comportamento revelam que o argumento kelseniano afasta da compreensão científica o que realmente está acontecendo no mundo natural, e por isso mesmo ela é perigosa. Tal argumento é posto como se explicasse os fatos do Direito, mas está muito longe disso.

Com essas considerações e a partir deste estudo, propôs-se o combate à punição como técnica de controle comportamental, o início da luta contra a ciência jurídica e o uso da ciência de Skinner para que o mundo vá além do Direito.

CAPÍTULO 2
ERNST MACH E O CÍRCULO DE VIENA

A Ciência e a Filosofia da Ciência, como elas são hoje conhecidas, tiveram muitas contribuições de Ernst Mach e do Círculo de Viena (POJMAN, 2010; UEBEL, 2010; CHAPMAN, 2008), cujas inovações afetaram os mais diversos ramos científicos.

Compreender Mach e o Círculo é o primeiro passo para uma interpretação sobre Hans Kelsen e, posteriormente, sobre B. F. Skinner, porque nos trabalhos de Kelsen será possível ver muitos resquícios dos assuntos sobre os quais aqueles autores dissertaram e, por sua vez, Skinner foi assumidamente influenciado pelos textos de Mach.

Para mostrar o caminho que essas inovações percorreram até alcançar Kelsen e Skinner, e, assim, levá-los as suas preocupações, a exposição a seguir está organizada em ordem histórico cronológica, apresentando primeiro os pensamentos de Ernst Mach e depois os do Círculo de Viena, e, em cada oportunidade, narrando suas principais contribuições, descrevendo aquelas que são úteis a este trabalho, evitando erros de exposição sobre eles e aprofundando a investigação tanto quanto for necessário para entendê-los.

Acredita-se, com isso, que será facilitado o entendimento sobre Kelsen e Skinner, autores que têm importância não apenas para, respectivamente, o Direito e a Psicologia, mas sobretudo para este trabalho.

2.1 ERNST MACH E A CIÊNCIA

Considerado um dos grandes autores dos séculos XIX e XX, Ernst Mach dissertou sobre os mais diversos assuntos, dos quais a Ciência e sua Filosofia foram recorrentes. Ele transformou as opiniões de muitos estudiosos, embora não sem interpretações duvidosas sobre suas pretensões, como se verá posteriormente.

Sobre ele, Pojman (2010, tradução do autor) informa que

Ernst Mach (18 de fevereiro de 1838 – 19 de fevereiro de 1916) fez importantes contribuições à Física, à Filosofia, e à Psicologia fisiológica. Na Física, a velocidade do som leva seu nome [Mach 1, 2, 3], já que ele foi o primeiro a estudar sistematicamente o movimento supersônico. [...] Sua crítica às ideias de Newton sobre espaço e tempo absolutos foram uma inspiração para o jovem Einstein, que reconheceu que Mach foi o precursor filosófico da teoria da relatividade.

Quando esse filósofo faleceu, Einstein[6] (1916 apud HOLTON, 1988, p. 1, tradução do autor) asseverou: "Estou convicto de que aqueles que se consideraram oponentes de Mach pouco sabem sobre o quanto da forma de pensar de Mach eles tomaram, por assim dizer, junto com o leite de suas mães".

Então, compreende-se que esse autor austríaco (POJMAN, 2010) é reconhecidamente um dos pensadores cujas obras transformaram a história do conhecimento humano, fornecendo suportes teóricos para que

---

6   HOLTON (1988) não deixa claro a referência bibliográfica desse discurso, embora afirme que fora escrito em 1916, em homenagem a Mach, cuja autoria é de Albert Einstein.

outros grandes cientistas elaborassem suas bibliografias, dos quais se destacou Albert Einstein.

Mas outros pensadores também sobressaíram em suas ciências, o que, mostrando a amplitude da influência de Mach, Fulgencio (2000, p. 432-433) ensina:

> [...] Holton comenta que "a partir de 1880, as ideias e atitudes filosóficas [de Mach] tinham se incorporado à bagagem intelectual de seus contemporâneos" (Holton, 1967, p. 100). Pode-se reconhecer sua influência em escritores tais como Robert Musil (cuja tese de doutorado de 1910 versa sobre Mach), políticos como Lénin (que escreve, em 1908, um texto opondo-se a Mach: Materialismo e empiro-criticismo), juristas como **Hans Kelsen (com sua teoria positivista do Direito, foi um dos responsáveis pela redação da Constituição austríaca do pós-guerra)**, críticos de arte tais como Carl Einstein (um dos responsáveis pela apresentação da arte negra à vanguarda artística europeia do início do séc. XX), pintores como Paul Klee, além de outros cientistas e filósofos tais como Paul Carus, William James, Jacques Loeb, **B. F. Skinner**, Philipp Frank, W. V. Quine, etc. Convém lembrar que, em 1928, o cientista social austríaco Otto Neurath, em companhia de outros intelectuais — entre eles Rudolph Carnap —, funda a Associação Ernest Mach, que dará origem ao Círculo de Viena (cf. Soulez 1985). [Sem grifo no original]

Constata-se, então, que Kelsen e Skinner foram, de algum modo, influenciados pelas ideias de Mach. Como não basta a sustentada inspiração para um estudo efetivo das produções ideológicas de Hans Kelsen e B. F. Skinner, é preciso depreender as opiniões de Mach. Mas, embora facilitasse a análise delas, enquadrá-las em uma escola de pensamento é uma tarefa suscetível a críticas.

Price e Krimsky[7] (1972, p. 449, tradução do autor) afirmam que "Como filósofo, Ernst Mach é mais conhecido por suas contribuições ao Positivismo", no que Lacerda (2009, p. 319-320) corrige

> [...] o conteúdo desse "Positivismo" não é algo consensual nem muito menos preciso [...] a maior parte das relações entre o Positivismo comtiano e os "positivismos" atuais consiste apenas em coincidência terminológica.

Para ilustrar, os positivismos citados possuem, ao menos, 12 conceituações averiguadas até o ano de 1982 e o próprio criador do positivismo francês, Auguste Comte (1798-1857), reformulou seu conceito, no mínimo, 4 vezes (HALPENNY[8], 1982 apud LACERDA, 2009).

Sobre essa escola francesa de pensamento, também chamada de positivismo comtiano ou positivismo filosófico, deve-se saber que Auguste Comte foi o filósofo que a criou, usando o termo positivismo especialmente nos títulos das suas obras, para designar sua opinião quanto à Filosofia em geral (LACERDA, 2009).

Se, por um lado, a nomenclatura foi criada por ele, por outro, não se pode dizer que todas as correntes rotuladas de positivistas são continuidades daquele filósofo francês. Algumas possuem semelhanças, mas não todas (LACERDA, 2009). Todavia, é relevante saber que é possível verificar que os primeiros preconceitos, basicamente pejorativos ou negativos, sobre os futuros positivismos, podem ter começado com a campanha sórdida da ex-cônjuge de Comte para, difamando-o postumamente como louco, tentar anular o testamento no qual ele confiara

---

7   São os tradutores da obra consultada: MACH, Ernst. On thought experiments. Tradução e adaptação de Sheldon Krimsky e W. O. Price. **Philosophical Forum**, [Hoboken], v. 4, p. 446-457, spring 1973. Disponível em <http://www.tufts.edu/~skrimsky/publish.htm>. Consulta em 05 de setembro de 2010.

8   HALFPENNY, Peter. Positivism and Sociology: Explaining social life. Londres: G. Allen & Unwin, 1982.

a outras pessoas os direitos autorais sobre seus escritos. Na época, ela não teve êxito judicial, embora sua campanha difamatória tenha sobrevivido, sendo reproduzida – e até mesmo distorcida – numerosas vezes por pesquisadores pouco criteriosos (LACERDA, 2009). Dai porque é difícil encontrar opiniões firmes sobre o Positivismo, suas vertentes e mutações.

Talvez se houvesse um consenso sobre o teor desse gênero filosófico, não haveria qualquer problema em classificar Mach nele e a compreensão do seu discurso seria fácil. Entretanto, a pesquisa científica está impedida de continuar nesse caminho, nos termos que Pojman (2010, tradução do autor) assevera:

> Mach é geralmente considerado como um "positivista". No entanto, isso nos diz pouco, já que o positivismo é, de fato, uma coleção de tradições, geralmente relacionadas tanto equivocadamente quanto pelo atual acordo intelectual. Além disso, hoje a palavra passou a significar algo tão distante de suas origens, no século XIX, que é praticamente impossível sua compreensão original. Fora das ciências sociais (onde ele está vivo e passa bem), a palavra "positivismo" parece ser usada principalmente pelos pós-modernistas, desconstrutivistas e pela Escola de Frankfurt como uma palavra para representar esse ramo da tradição iluminista que falhou, se tornando o "outro" que todos sabemos estar errado sem saber o que é.

Superado esse ponto sobre a distância entre o positivismo filosófico e o que é atribuído a Mach, ressalta-se mais uma incompreensão sobre esse último, conforme Pojman (2010, tradução do autor) expõe:

> Mach é parte da tradição empirista [...] [mas] o empirismo dele é complicado. Tem suas raízes na crença de que o conhecimento é um produto da evolução, que nossos sentidos, mentes e culturas têm uma história evolutiva. Foi a uma experiência simples que os primeiros organismos responderam, e foi a partir de experiências simples que as primeiras imagens do mundo foram construídas, e foram essas construções que

permitiram conhecimentos novos e complexos, e assim por diante. Esse processo é, de certo modo, repetido no desenvolvimento: o desenvolvimento individual começa por um processo de interação de simples sensações com as capacidades inatas de nossos ancestrais. A partir disso, conhecimentos mais complexos surgiram, e o processo continua. A Ciência avança esse processo biológico colocando nossas concepções primitivas em contato com novos ambientes, e, assim, causando uma adaptação mental.

O que se deve saber por empirismo é que ele é um termo perigoso usado na Filosofia para classificar, inicialmente, a essência das obras de John Locke, David Hume e George Berkeley, considerados, assim, empiristas britânicos e precursores dessa filosofia. Para eles, sinteticamente, o sujeito não possui ideias inatas e adquire todo o conhecimento apenas posteriormente, pela experiência sensitiva (MARKIE, 2010; GORTON, 2006).

Embora alguns afirmem que o empirismo nasce com esses autores, essa escola filosófica tem uma origem singular e pouco divulgada. Ela começa com Sextus Empiricus – ou Sextus, o empírico – um pouco conhecido escritor antiacadêmico cujos primeiros fragmentos escritos datam de 1500 anos antes de Hume, embora sem se saber se ele realmente existiu ou foi um mero copista de textos (TALEB, 2008). Sextus, na lição de Taleb (2008, p. 80) "Pertenceu a uma escola de medicina chamada 'empírica', já que os praticantes duvidavam de teorias e da causalidade, e confiavam em experiências passadas como orientações nos tratamentos [...]".

Conquanto Mach tenha falado, de certa forma, sobre um empirismo evolutivo, Pojman (2010, tradução do autor) mais uma vez adverte que "Ao contrário das disciplinas da Psicologia e da Física, ele [Mach] não faz **nenhum acréscimo à teoria evolucionária**. No entanto, todo o seu sistema está localizado **dentro** de uma **concepção evolucionária**" [Sem grifo no original].

Por esse aspecto evolucionário das experiências, bem diferente do empirismo no qual se insere, por exemplo, o conhecido empirista John Locke e sua *tabula rasa*[9] (POJMAN, 2010; UZGALIS, 2010; MARKIE, 2010), é possível afirmar, ao lado de Pojman (2010, tradução do autor), que Mach "[...] não é, no mínimo, um empirista tradicional", do que se conclui que é perigoso também definir as contribuições machianas tanto na forma estrita de um positivismo quanto na de um empirismo simples.

É cientificamente inevitável, pois, aprofundar a investigação para descobrir o quê o austríaco fez, de modo a prevenir os erros que uma rotulação filosófica possa causar (RODRIGUES, 2006) e, como Lacerda (2009, p. 340) leciona:

> [...] evitar um senso comum acadêmico mais preocupado com a repetição mecânica de estereótipos que com a reflexão séria do pensamento de autores – mesmo, e talvez principalmente, daqueles de quem se discorda.

Para tanto, discorrendo sobre os avanços conquistados por Mach, Pojman (2010, tradução do autor) informa que:

> Na **Filosofia**, ele [Mach] é mais conhecido por sua influência sobre o Círculo de Viena (anteriormente chamado de Associação Ernst Mach), por sua famosa **atitude antimetafísica** [...] e em geral por sua abordagem **positivo empirista** da Epistemologia [estudo do conhecimento humano]. É importante ressaltar que algumas dessas influências estão sendo reexaminadas e têm se mostrado mais tênues e complicadas do que se admitiu. Ele também foi um importante historiador da ciência, [...] **ele é um dos fundadores da Filosofia da Ciência.** [Sem grifo no original]

---

9 A ideia defendida por Locke de que o homem nasce como uma folha em branco, na qual as experiências da vida se inscrevem e permitem a construção de conhecimentos mais complexos (UZGALIS, 2010).

Na **Psicologia**, ele estudou a **relação das nossas sensações aos estímulos externos**. Espaço, tempo, cor, som, que pertenciam à Física, agora foram sendo também estudados por psicólogos e não apenas concebidos como coisas do mundo físico externo, mas também **elementos da nossa experiência interior**. [Sem grifo no original] (POJMAN, 2010, tradução do autor)

Ainda sobre esse ressoante discurso austríaco, Pojman (2010, tradução do autor) aponta mais algumas parcelas de seu conteúdo, no que tangem à história da Ciência:

Mach escreveu uma série de textos bem conhecidos sobre a **história da Ciência**, de modo que eles são como sítios arqueológicos da ciência, cavando no passado para elucidar criticamente o presente. A história machiana pode também ser vista dentro do contexto alemão do século XIX: Hegel, David Strauss, Nietzche, e Marx também ofereceram análises históricas para as suas muitas posições sócio-filosóficas. [...] Certamente que d'Alembert, Herschel, Whewell, e Mill escreveram relatos sobre a história da ciência antes de Mach, mas foi Mach [sic] quem **escreveu uma revisão crítica dessa história**. O aspecto interessante dessa crítica foi que ela **realmente teve um efeito sobre a Ciência**. [Sem grifo no original]

Além de contribuir com sua crítica da história científica e com suas meditações sobre a Física e Psicologia, Mach discorreu sobre a origem e o propósito biológico da Ciência[10], a economia de pensamento, a unificação da Ciência[11] (CAT, 2010), o progresso científico, a filosofia

---

10 Mach absorveu a teoria de Darwin (1809 – 1882), que o antecedeu (POJMAN, 2010; HOLTON, 1988; MACH, 1919), como visto.

11 A unificação da Ciência é um assunto tratado com esmero por Ernst Mach. Em 1912, ele, Albert Einstein, Sigmund Freud e outros assinaram um documento no qual convocaram membros da comunidade acadêmica para fundar uma sociedade interessada na filosofia positivista e com a intenção de unificar as ciências (FULGENCIO, 2000). Há razões –

científica (POJMAN, 2010), e sobre a rejeição da metafísica como explicação da realidade (HOLTON, 1988; POJMAN, 2010; INWAGEN, 2010; MACH, 1919).

No que diz respeito especificamente à metafísica, Neurath (1973, p. 302, tradução do autor) adiciona que "[...] Ele [Mach] estava especialmente interessando em limpar [sic] a ciência empírica, e, em primeiro lugar, a Física, de noções metafísicas". Todavia, há que se saber que a palavra metafísica e seus diversos sentidos têm uma história complexa e não há muito consenso quanto ao que se referem. É cediço que, originalmente, a palavra surgiu para lembrar de 14 livros que compõe a, por assim dizer, metafísica aristotélica, embora Aristóteles jamais tivesse cunhado esse nome, nem sequer o conhecesse. Parece certo que um dos editores de suas obras, Andronicus de Rodes, referiu-se a esses livros como "[...] '*Ta meta ta phusika*' [...]" [Grifo do autor] (INWAGEN, 2010), que em grego quer dizer "[...] 'aqueles que estão além daqueles sobre física' [...]" (INWAGEN, 2010, tradução do autor), isso é, dos livros de Aristóteles sobre Física. Isso talvez tenha ocorrido para alertar que eles deveriam ser lidos apenas depois da leitura dos livros sobre a física aristotélica. A expressão grega, então, foi transmutada pelo latim medieval, resultando na palavra metafísica. Esse exercício de etimologia ajuda na conclusão de que, originalmente, a metafísica foi um conjunto de assuntos que inquietavam Aristóteles e o fizeram escrever várias vezes sobre eles (INWAGEN, 2010).

O que esses assuntos têm em comum, entre outras afinidades, é que esse autor grego acreditara que alguns objetos não sofriam mudanças, ou seja, o devir, mostrando-se como paradoxos da realidade física. Cada autor que se debruçou sobre esses assuntos após a formação dessa palavra

---

fundadas principalmente nos nomes citados no manifesto do Círculo de Viena e nos que subscreveram ao lado de Freud e outros – para acreditar que, mesmo que indiretamente ou de algum modo ainda obscuro, esse documento tenha inspirado os componentes do Círculo, porque, nos dizeres de Fulgencio (2000, p. 430) os objetivos daquela associação só seriam alcançados com a aglomeração de "[...] todos os pesquisadores interessados em problemas filosóficos, qualquer que seja a sua área de atuação científica [...]". De certo modo, é semelhante ao que o Círculo escreveu em seu manifesto de fundação.

acrescentou mais significados, o que teve por consequência a averiguação de que, o que antes era restrito ao discurso aristotélico, passou a ser a metafísica de propriedade de cada um: a metafísica agora era a interpretação muito pessoal que um filósofo fazia desse termo (INWAGEN, 2010).

Então, a metafísica que Mach desestimulara engloba mais assuntos e é totalmente diferente da original, quer porque afeta à problemas sobre a natureza de coisas imateriais ou não-físicas que não possam ser conferidas pela experiência, quer sejam falsas explicações sobre os fenômenos ou não resultem em uma função econômica (INWAGEN, 2010; POJMAN, 2010; MACH, 1919).

Apesar das diversas contribuições já reconhecidas pela comunidade científica – e nem todas foram relacionadas nesta pesquisa –, há que se aproximar a investigação ao âmago do pensamento de Mach. Inicialmente, ele (1919, p. 481, tradução do autor) fala sobre o objetivo da ciência e sua função como economia de pensamento:

> O **objetivo da Ciência** é **substituir**, ou *salvar*, experiências, pela reprodução e antecipação dos **fatos no pensamento**. A memória é mais prática que a experiência, e frequentemente atende a mesma finalidade. Essa **função econômica** da ciência, que sempre existiu, é aparente à primeira vista e, com o seu pleno reconhecimento, todo o misticismo na ciência desaparece. [Sem negrito no original, itálico do autor]

Logo, na visão de Mach sobre a Ciência, uma experiência humana torna-se um fato que já não precisa ser revivido, porque, por uma questão de praticidade, bastará ser lembrado. Ilustrando essa ideia Baum (1999, p. 40) diz:

> Se estou lhe ensinando a dirigir um carro, seria bobagem colocá-lo atrás do volante e dizer, "Pronto, vá em frente e

experimente". Em vez disso, eu lhe explicarei conceitos como dar partida, dirigir, frear, acelerar, mudar de marcha, e assim por diante. Você então saberá o que fazer se eu disser: "Quando estiver entrando numa curva, diminua a aceleração, e quando a direção ficar leve pode acelerar novamente". Você poderia descobrir essas regras sozinho, através de sua própria experiência, mas é muito mais fácil se você for instruído.

Com essa ilustração, pode-se aprender a conclusão de Mach (1919, p. 490-491, tradução do autor) sobre a indissociabilidade entre ideias e experiência:

> A experiência em si, sem as ideias que são associadas com ela, permaneceria **estranha** para sempre. Essas ideias, que valem integralmente nas mais amplas áreas de pesquisa e que complementam a maior quantidade de experiência, são extremamente científicas. [...]. A ideia torna **a experiência inteligível** para nós; ela complementa e **substitui a experiência**. [Sem grifo no original]

Todavia, ele (1919, p. 498, tradução do autor) recomenda cautela quanto a essas ideias que facilitam a apreensão da experiência, já que elas podem se tornar falsas explicações, pois

> [...] Depois que uma hipótese facilita, da melhor forma possível, nossa visão sobre os fatos, ao substituí-los por ideias mais familiares, os poderes deles são **retirados**. Nós **erramos quando esperamos mais esclarecimento** de uma **hipótese** do que dos **próprios fatos**. [Sem grifo no original]

Apura-se que, para ele (1919, p. 490, tradução do autor), há que se insistir que toda pesquisa científica jamais pode se separar da experiência, sob pena de as ideias – que substituem os fatos empíricos – se tornarem falsas explicações. Para evitar isso é que a ciência precisa ser testada, isso é, confirmada:

[...] Desse modo, por um lado, a ciência deve permanecer no campo da experiência, mas, por outro, deve ir muito além dele, constantemente à espera de confirmação, constantemente esperando o inverso. [Sem grifo no original]

Por isso, para Ernst Mach, não se deve apenas confiar em ideias, hipóteses ou filosofias. A experiência não se separa das ideias que a auxiliam, sob pena de se incorrer em um erro. É o que Mach[12] (1984 apud POJMAN, 2010, tradução do autor) explica sobre o valor da pesquisa científica, que busca as experiências que porventura tenham passado despercebidas, para que novas ideias às substituam:

A **adaptação dos pensamentos aos fatos**, portanto, é o **objetivo** de toda **pesquisa científica** e apenas por ele que a Ciência **persegue**, por conta própria, consciente e **deliberadamente**, o que passa **despercebido** no cotidiano. [Sem grifo no original]

Toda essa proposição machiana resulta em ideias que substituem a experiência e em acontecimentos empíricos que adaptem as ideias, dai porque se diz que a relação entre eles é indissociável. Esse é o caminho que permite a contínua constatação da experiência, sempre verificando se algo ainda precisa ser investigado, e o surgimento de novas ideias que a expliquem, para se adaptar aos fatos que, embora antes despercebidos, agora forçam a uma nova explicação.

Esse entendimento também é econômico, por essa característica de permitir que o homem não tenha que se submeter novamente às desventuras da vida. Essa característica, que foi nomeada de economia do pensamento, cintila nos escritos machianos e, sobre ela, Mach (1919, p. 481, tradução do autor) revela que ela é a propriedade que uma ciência tem de poupar a humanidade:

---

12 MACH, Ernst. **The Analysis of Sensations and the Relation of the Physical to the Psychical**. Trad. por CM Williams. La Salle: Open Court, 1984.

A Ciência é comunicada por instrução, a fim de que **um homem possa se beneficiar da experiência de outro** e ser **poupado dos problemas de acumulá-la por si** mesmo; e, assim, para poupar a **posteridade**, as experiências de gerações inteiras estão armazenadas em bibliotecas. [Sem grifo no original]

Por essa demonstração, culmina-se nas palavras de Baum (1998, p. 39) que são um breve apanhado sobre o sumo das ideias machianas:

[...] Mach argumentava que [a] ciência tem a ver com [a] experiência, particularmente com **o esforço para conferir sentido à experiência**. Achava que a ciência havia se originado da necessidade que têm as pessoas de se comunicar eficiente e **economicamente** umas com as outras. Esse tipo de comunicação é essencial para a cultura humana porque permite uma **compreensão do mundo** que pode ser **facilmente passada de uma geração à outra**. [Sem grifo no original]

Um exemplo dado pelo próprio Mach[13] (1960 apud BAUM, 1999, p. 40), sobre qualquer classe de pessoas que exerçam conjuntamente uma profissão, poderá facilitar a compreensão desse princípio econômico:

Uma classe dessa ordem se ocupa com tipos particulares de processos naturais. Os indivíduos que compõem a classe mudam. Antigos membros saem, enquanto novos membros ingressam. Surge daí a necessidade de **partilhar com os membros recentes o conjunto de experiências e conhecimentos já adquiridos**; a necessidade de familiarizá-los com as condições para atingir um objetivo definido, de modo que o resultado possa ser **determinado** de antemão

---

13 MACH, Ernst. **The Science of Mechanics**: a critical and historical account of its development. La Salle: Open Court Publishing, 1960. Na obra consultada (MACH, 1919), essa citação está na página 4. A tradução de Baum (1999) foi escolhida e reproduzida neste trabalho por economia de pensamento.

(1960, p.5). [Sem grifo no original]

A partir desse ponto sobre a economia de pensamento, a intenção machiana de unificação da Ciência desponta como motivo para seu progresso, pois como diz Mach (1919, p. 504, tradução do autor):

> Toda ciência tem sua origem nas necessidades da vida. Embora por um instante esteja subdividida em tendências privadas ou pela capacidade e índole limitadas daqueles que a fomentam, **cada ramo só pode atingir seu completo e melhor desenvolvimento por meio de uma ligação ativa com *o todo*.** [Sem negrito no original, itálico do autor]

Mas, a divisão da Ciência em ramos também encontra, com ressalvas, seu valor econômico na opinião do referido autor (1919, p. 505, tradução do autor):

> A divisão de trabalho, a limitação dos pesquisadores individuais a **ramos do conhecimento** e a investigação desses ramos como uma profissão para a vida toda são as **condições fundamentais para um desenvolvimento proveitoso da ciência.** Apenas por tal especialização e restrição de trabalho que os **instrumentos econômicos do pensamento** exigem que o domínio de um **campo específico** seja aperfeiçoado. Mas justamente aqui está o **perigo** – o perigo de superestimar os instrumentos, com os quais estamos constantemente preocupados, ou mesmo de **considerá-los como os objetivos da ciência.** [Sem grifo no original]

Nas palavras de Mach, quando uma seara científica explica uma experiência, isso é, acrescenta ideias familiares aos fatos que se apresentam pelas necessidades da vida, tal explicação deve ser levada às outras searas para que ela seja acrescida nelas, construindo uma explicação melhor e que poupe ainda mais os seres humanos; ou, ao assumir a função inversa, destruindo aqueles conceitos que já não mais descrevem corretamente o mundo[14].

Então, cada área científica se aproveita do fato empírico vivido pelas outras para que não tenha que experimentá-lo por si. Isso é a função econômica na Ciência e, para que essa tarefa de atualizar os ramos se concretize, ou seja, que se mantenha a ligação ativa com o todo, é preciso que eles sejam aperfeiçoados. Entretanto, há que se ter cautela, pois não se deve considerar essas divisões de trabalho como os objetivos da Ciência. O único objetivo que a Ciência persegue é, em outras palavras, "[...] a busca de descrições econômicas e abrangentes da experiência natural humana" (BAUM, 1999, p. 43), pelo que a faz uma atividade unificada: a Ciência não é seus ramos, mas o fruto deles, que são as ideias que substituem corretamente a experiência e poupa os seres humanos.

Por fim, além dessas delineações, Mach faz algumas considerações sobre um termo que será frequente neste trabalho: a causalidade. Segundo ele (1919, p. 502, tradução do autor), "a lei da causalidade afirma sucintamente que o fenômeno da natureza é *dependente* de um outro" [grifo do autor].

Além disso, Mach (1919, p. 483, tradução do autor) aprofunda essa questão, em termos que se mostrarão relevantes para a compreensão da causalidade que Kelsen (1998a; 1971) discutira, o que será comentado melhor quando se apresentar a obra desse autor:

> Ao falar de causa e efeito, nós arbitrariamente salientamos esses elementos, cuja conexão nós temos que observar na reprodução de um fato, na medida em que são importantes para nós. **Não existe causa ou efeito na natureza**. A natureza possui, assim, uma existência única. A natureza simplesmente

---

14 Há que se rever o que Mach (1919, p. 490, tradução do autor) já disse: "[...] a ciência deve permanecer no campo da experiência, mas, por outro, deve ir muito além dele, constantemente à **espera de confirmação**, constantemente esperando **o inverso**" [Sem grifo no original].

é. A recorrência de casos semelhantes nos quais *A* está sempre ligado a *B*, isso é, **resultados semelhantes em circunstâncias semelhantes**, ou seja, a essência da conexão entre causa e efeito, **existe**, pois, **na abstração que nós fazemos para reproduzir mentalmente os fato**s. Deixemos que um fato se torne familiar e nós não mais precisaremos ressaltar seu nexo causal, nossa atenção não é mais atraída para o novo ou surpreendente e nós paramos de falar em causa e efeito. [Sem negrito no original, itálico do autor]

Hume foi quem primeiro propôs a questão: Como pode uma coisa *A* agir sobre uma coisa *B*? Hume, de fato, rejeita a causalidade e reconhece apenas uma **sucessão habitual** [de acontecimentos] **no tempo**. [...] A explicação natural e de senso comum aparentemente é essa. **As ideias de causa e efeito originalmente surgiram de um esforço de reproduzir fatos no pensamento.** [Sem grifo no original] (MACH, 1919, p. 484, tradução do autor)

[...] A noção da necessidade de um nexo causal é provavelmente criada por nossos movimentos voluntários no mundo e pelas mudanças que eles indiretamente produzem, como Hume supôs mas Schopenhauer contestou. Muito da autoridade das ideias de causa e efeito deve-se ao fato delas se desenvolverem instintivamente e involuntariamente, e de nós distintamente sentirmos não ter contribuído pessoalmente para a formação do nexo entre eles. Podemos, certamente, dizer que o nosso senso de causalidade não é adquirido pelo indivíduo, mas foi aperfeiçoado no desenvolvimento da espécie. **Causa e efeito**, portanto, **são coisas do pensamento**, tendo uma **função econômica**. [Sem grifo no original] (MACH, 1919, p. 485, tradução do autor)

Nesses termos, a propagação desses discursos transcendeu os assuntos abordados por eles, atingindo variados ramos científicos e ajudando de algum modo para a concepção jurídico científica vislumbrada por Hans Kelsen e certamente para as pesquisas de B. F. Skinner

(FULGENCIO, 2000), como se verá melhor adiante.

Sabendo sobre Mach e sua obra, uma interpretação adequada poderá ser feita dos autores investigados, bem como do posterior e relevante Círculo de Viena (UEBEL, 2010).

Contudo, na ânsia de se preparar para dissecar os argumentos que virão e esquivar-se dos problemas da confiança cega em classificações de escolas teóricas e formulações simplistas (RODRIGUES, 2006; LACERDA, 2009), resta caracterizar igualmente o Círculo que se formou em Viena, pois, além dele valorizar algumas ideias de Ernst Mach (GORTON, 2006), Kelsen manteve contato com algumas das pessoas presentes nele (JABLONER, 1998), o que será posteriormente examinado nesta pesquisa.

2.2 O CÍRCULO DE VIENA: REVOLUÇÃO NA CIÊNCIA

Na Áustria do século XX, especificamente na cidade de Viena e alguns anos após a morte de Ernst Mach, um conjunto de filósofos, matemáticos, físicos e outros especialistas, formou-se para debater as ideias que estavam em voga e revolucionar a sociedade dessa época, o que fora chamado de Círculo de Viena (UEBEL, 2010; LACERDA, 2009; NEURATH, 1973; HAHN; NEURATH; CARNAP, 1986). Entender esse movimento é imprescindível para esmiuçar os pilares filosóficos que virão.

Para Chapman (2008, p. 7, tradução do autor), esse conjunto de pensadores:

[...] foi incomum. Ele consistia de um grande mas identificável **grupo de filósofos** que se encontravam regularmente, colaboravam entre si no trabalho sobre temas de interesse mútuo e acordaram amplamente sobre suas conclusões. Eles alcançaram essa identidade grupal ao cunharem o termo "**O Círculo de Viena**", ou "Der Wiener Kreis", no título de seu manifesto colaborativo [...]. [Sem grifo no original]

Um outro conceito, mais detalhado, é o de Uebel (2010, tradução do autor):

O **Círculo de Viena** foi um **grupo de filósofos** do início do Século 20 que buscavam **reconceituar o Empirismo** por meio da interpretação dos avanços, daquela época, nas ciências físicas e formais. Sua postura radicalmente **antimetafísica** foi sustentada por um critério empirista do significado e de uma concepção largamente lógica da Matemática. [...] [Também] foi um **grupo de filósofos** treinados cientificamente e de cientistas interessados em filosofia que se encontraram sob a liderança (nominal) de **Moritz Schlick** para discussões semanais, sobre os problemas da **Filosofia da Ciência**, nos anos de 1924 até 1936. [Sem grifo no original]

Em uma descrição consoante ao primeiro escrito atribuído ao Círculo (NEURATH, 1973), Uebel (2010, tradução do autor) conta mais sobre eles:

Após sua fase de formação, na qual estava confinado aos debates realizados nas noites de quinta-feira, o Círculo veio a público entre 1928 e 1929, quando parecia ser a hora para sua filosofia emergente ter um papel fundamental não apenas na esfera acadêmica, mas também na pública. Em novembro de 1928, em sua sessão inaugural, [Moritz] **Schlick** aceitou a presidência do recém formada Verein Ernst Mach (Associação Ernst Mach), [Hans] **Hahn** aceitou uma das vice-presidências, [Otto] **Neurath** e [Rudolf] **Carnap** juntaram-se como secretários. Originalmente proposta pela Austrian Freidenkerbund (Associação dos Livres Pensadores), a Verein Ernst Mach dedicou-se a **disseminação dos meios científicos de pensamento** para, com isso, proporcionar um fórum para leituras populares sobre a nova filosofia científica. No ano seguinte, o Círculo emergiu sob sua própria designação (inventada por Otto Neurath[15]) com um **manifesto** e uma conferência especial. [...]. [Sem grifo no original]

Conhecida essa perspectiva histórica, há que se saber que poucos filósofos são tão conhecidos quanto esses de Viena e uma quantidade muito menor de sábios alcançaram o reconhecimento quase instantâneo de suas intenções. Nesse rumo, Uebel (2010, tradução do autor) diz:

Embora seja da natureza dos movimentos filosóficos e de suas doutrinas **causar controvérsia**, o Círculo de Viena e suas filosofias causaram mais do que a maioria. Para começar, seus membros intitularam-se **revolucionários conceituais** que **limpariam** os estábulos da **filosofia acadêmica** ao mostrar que **a metafísica** não era simplesmente **falsa**, mas também **cognitivamente vazia** e **sem sentido**. [Sem grifo no original]

Mas tal reconhecimento a essa concepção vienense, explicada adiante, não foi posto pacificamente, conforme Hahn, Neurath e Carnap (1986, p. 19), integrantes do Círculo, admitem e previram que "Assim, a concepção científica do mundo está próxima à vida contemporânea. Na verdade, duras **lutas** e **hostilidades** certamente a **ameaçam**. [...]" [Sem grifo no original]; e, em reverberação, Chapman (2008, p. 29, tradução do autor) confirma o presságio: "O positivismo lógico e radical dos primeiros anos do Círculo de Viena foi objeto de uma série de **ataques** e subsequentes modificações em meados de 1930, e de **ataques** após o

---

15 Marrie Neurath aduz que a criação e a sugestão do nome "Círculo de Viena" para o grupo devem-se a Otto Neurath, conforme uma carta que ele enviara para Rudolf Carnap. Na obra consultada: NEURATH, Otto. **Empiricism and Sociology**. Edição de Marie Neurath e Robert S. Cohen. Tradução de Paul Foulkes e Marie Neurath. Boston: D. Reidel, 1973.

Círculo ser desfeito [em 1936]. [...]" [Sem grifo no original].

Superadas essas considerações, embora antes de adentrar nas minúcias sobre o Círculo, há que se desfazer mais um problema com rotulações (RODRIGUES, 2006), porque, como Lacerda (2009, p. 329) descreve, diversos nomes são usados como sinônimos para se referir a esse conjunto de pessoas:

> [...] o **"Positivismo Lógico"**, também [é] conhecido por **"Neopositivismo","Empirismo Lógico"** e **"Círculo de Viena"**. [...] a expressão **"Círculo de Viena"** indica a origem dos pensadores agrupados em torno de um determinado projeto intelectual, **"Empirismo Lógico"** designa com grande precisão o conteúdo desse projeto intelectual; já **"Neopositivismo"** é uma expressão menos descritiva [...]. Na verdade, mesmo os **"neopositivistas"** desgostavam dessa expressão, tanto por ser pouco descritiva de suas preocupações intelectuais, como porque as remetia às idéias de Comte – com quem, aliás, não mantinham grandes afinidades[16] [...]. [Sem grifo no original]

Sobre esse último termo, explicando o porquê da doutrina de Viena se diferenciar do positivismo de Auguste Comte, ele continua:

> [...] o nome "Empirismo Lógico" esclarece as marcadas distâncias entre Comte e o Círculo de Viena, pelo apego deste grupo às questões puramente empíricas somadas à análise lógica das expressões lingüísticas utilizadas no dia-a-dia e na ciência. Mais do que isso: o "Empirismo Lógico" esclarece a origem do senso comum acadêmico que atribui ao "Positivismo" a pesquisa dos "fatos puros": embora descrever dessa forma o projeto do Círculo de Viena seja redutor (e, até

---

16 Mas, no manifesto do Círculo, eles expressamente citam Comte como referencial teórico (HAHN; NEURATH; CARNAP, 1986; NEURATH, 1973). O que se deve entender dessa citação é que o grupo foi suavemente influenciado por esse filósofo francês, muito menos do que o foi por Ernst Mach.

certo ponto, injusto), chegando ao ponto de constituir o sofisma do espantalho[17], o fato é que a exigência de rigorosamente corresponder a **toda afirmação** um **fato empírico é do Círculo de Viena, não de Comte**[18]. [Sem grifo no original] (LACERDA, 2009, p.330)

Por tudo até aqui demonstrado, em três momentos distintos pode-se encontrar o Círculo: as reuniões das quintas-feiras, a Associação Ernst Mach, e o propriamente dito Círculo de Viena (UEBEL, 2010). Apesar desse processo de solidificação do grupo, mesmo após o manifesto, como já avisado por Neurath, não há uma estruturação intransponível nesse conjunto que impeça a entrada ou saída de membros (NEURATH, 1973; UEBEL; 2010), sendo que muitos dos membros dele não foram mais que participantes esporádicos (CHACON[19], 2004; UEBEL, 2010). Logo, é possível afirmar, que é incorreto falar em um Círculo estático que tenha sempre defendido uma única filosofia, em parte por causa dessa instabilidade de componentes, nos termos que Neurath (1973, p. 299, tradução do autor) expõe ao descrever o constante empenho desses vienenses em uma discussão internacional da Ciência:

[...] Esse Círculo **não tem uma organização rígida**. Ele é constituído por pessoas com a mesma atitude científica fundamental, no qual cada um se esforça para se ambientar ["entrar no grupo"], para colocar as semelhanças em primeiro plano, e ninguém deseja perturbar isso por meio de idiossincrasias. Em muitos casos, um pode substituir o outro, o

17 Como LACERDA (2009, p. 330) explica "O sofisma do espantalho consiste em simplificar ao extremo uma perspectiva filosófica ou um argumento – nesse movimento descaracterizando-o – para 'refutá-lo'".

18 E, como já verificado, essa exigência não é originalmente do Círculo, mas daquele autor que tais filósofos idolatraram, Ernst Mach.

19 Vamireh Chacon de Albuquerque Nascimento, conhecido em publicações científicas como "CHACON, Vamireh", prefaciou a obra consultada: POPPER, Karl Raymund. **Lógica das ciências sociais**. 3. ed. Tradução de Estevão de Rezende Martins, Apio Cláudio Muniz Acquarone Filho, Vilma de Oliveira Moraes e Silva. Rio de Janeiro: Tempo Brasileiro, 2004.

trabalho de um pode ser continuado pelo outro[20]. [Sem grifo no original]

O Círculo de Viena visa fazer contato com aqueles que também pensem assim e influenciar os que estão distantes [a comunidade internacional]. [...]. (NEURATH, 1973, p. 299, tradução do autor)

O Círculo de Viena **não se limita ao trabalho coletivo como um grupo fechado**. Ele também está tentando fazer contato com os movimentos existentes nesta época, na medida em em que eles estão indo em direção da concepção científica do mundo e se afastando da metafísica e da teologia. (NEURATH, 1973, p. 305, tradução do autor)

Outra parte desse problema de instabilidade filosófica é o que Uebel (2010, tradução do autor) fala:

Dois fatos precisam ser plenamente reconhecidos acaso se esteja tentando fazer uma avaliação correta do Círculo de Viena. O **primeiro** é que, apesar de sua existência relativamente curta, mesmo as principais teses do Círculo **sofreram mudanças radicais**. O **segundo** é que seus membros não **concordavam em todos os problemas importantes**, tanto é que algumas vezes eles expuseram perspectivas tão radicalmente contraditórias que até os seus acordos aparentes não podem permanecer totalmente sem questionamentos. Por trás da fachada um tanto fina, então, projetos filosóficos bem diferentes eram perseguidos pelas lideranças do grupo [...]. [Sem grifo no original]

[A esse respeito] os recentes estudos apresentaram o que a visão, até então admitida, sobre o neopositivismo vienense não tinha: reconhecimento e documentação das, por vezes

---

20 Essa é uma fala similar a de Ernst Mach, como visto, que pode não ser mera coincidência.

nitidamente diferenciadas, posições que se escondiam por trás da superfície de homogeneidade do Círculo. Isso não invalida todos os estudos anteriores, inclusive algumas críticas dessas opiniões, mas restaura a profundidade das filosofias do Círculo de Viena que estava ausente das versões padronizadas dessa história. O valor dessa abordagem não deve ser subestimado, pois o reconhecimento do sofisticado envolvimento desse Círculo com os aspectos da tradição filosófica e com os desafios contemporâneos põe em cheque as certezas injustificadas da nossa própria autoconsciente era pós-positivista. [...] Enquanto algumas das filosofias do Círculo de Viena são antigas e talvez até estejam, como John Passmore disse certa vez, tão mortas como as filosofias podem estar, outras delas mostram sinais de uma infecciosidade surpreendente. Quais são essas, entretanto, permanece controverso. (UEBEL, 2010, tradução do autor) [Sem grifo no original]

No entanto, Chapman (2008, p. 7-8, tradução do autor) esclarece que essa desarmonia é uma característica comum na Filosofia, o que não impediu a cooperação entre os membros do Círculo:

Filósofos não são conhecidos por saberem jogar em equipe. Ideias filosóficas podem ser atribuídas conjuntamente a dois ou mais pensadores, mas muitas vezes essas pessoas discordaram em questões fundamentais, ou eles trabalharam em países distintos ou, até mesmo, em séculos diferentes[21]. [...].

Existiram, é claro, diferenças de interesse, de ênfase, ou até de opinião. Mas comentários no trabalho do Círculo, feitos tanto por membros quanto por observadores externos, reiteradamente enfatizaram a cooperação, a colaboração e o

---

21 Por isso que o rótulo Empirismo é perigoso. Por exemplo, David Hume expressamente discordava de John Locke em algumas questões cruciais, mas ambos são classificados em vários textos como se fossem harmoniosos empiristas britânicos (MORRIS, 2010; UZGALIS, 2010; MARKIE, 2010; HUME, 2009).

consenso que eles geralmente exibiam. [...]. (CHAPMAN, 2008, p. 7-8, tradução do autor)

E mesmo Hahn, Neurath e Carnap (1986, p. 17), membros fundadores dessa sociedade, já reconheceram essa possibilidade de diversos entendimentos, embora eles acreditassem que pudessem ser minimizados:

> [...] É compreensível que no Círculo de Viena ainda permaneça nitidamente reconhecível a origem de seus membros a partir de diferentes domínios de problemas. Devido a isso resultam também freqüentemente diferenças de orientação de interesses e de pontos-de-vista, que levam a concepções diversas. **É, porém, característico que as divergências diminuem mediante o esforço pela formulação precisa**, pela aplicação de uma linguagem e de um simbolismo lógico exatos [...]. [Sem grifo no original]

Nessa narrativa, encontraram-se relatos relevantes acerca do prestígio – tudo indica que atual (UEBEL, 2010; CHAPMAN 2008) – do empirismo lógico e das outras teses desses pensadores, as críticas externas que lhes foram dirigidas e alguns pormenores sobre o Círculo.

Ultrapassada tal narrativa, que cingiu os preconceitos, as más formulações e até os possíveis sofismas do espantalho que existem na literatura sobre o Círculo de Viena, pode-se almejar, mais uma vez, a correta delineação da perspectiva comum que essa turma de filósofos adotara, pelo menos a princípio, e adentrar nos conceitos que, embora discutíveis (UEBEL, 2010), eram largamente aceitos pelos participantes desse grupo (CHAPMAN, 2008).

A seguir, juntamente com as ponderações sobre Ernst Mach, será possível a exegese sobre Hans Kelsen e B. F. Skinner. Para isso, há que se analisar antes o manifesto, o documento formalizador desse grupo, que foi assinado pelos membros principais e pelos simpatizantes à causa, cujo teor revela uma parte do acordo entre seus integrantes.

O Círculo de Viena, em seu manifesto, informara que, em contraposição com o crescimento dos estudos sobre a metafísica, um método empírico intumescia: um que valorizava a experiência e ojerizava especulações (NEURATH, 1973). Eles viam que uma concepção científica do mundo estava se espargindo pelo planeta, acreditando que um dos locais onde ela respingou foi em Viena (NEURATH, 1973; HAHN; NEURATH; CARNAP, 1986).

No que concerne essa concepção, na lição de Neurath (1973, p. 305-306, tradução do autor), ela é interdisciplinar e multidisciplinar, tal qual Ernst Mach já formulara[22]:

> A concepção científica do mundo é caracterizada não tanto pelas suas próprias teses, mas sim por sua atitude básica, seus pontos de vista e de orientação na pesquisa. Seu objetivo final é a *unificação da ciência*. Seu esforço é o de **articular e harmonizar** as conquistas dos **investigadores individuais** em seus **vários ramos da ciência**. Por essa finalidade, segue-se a ênfase dos *esforços coletivos*, e também a ênfase no que pode ser apreendido intersubjetivamente. A partir disso, brota a busca por um sistema **neutro** de fórmulas, por um simbolismo **livre das impurezas** das linguagens históricas, e também a busca por um sistema completo de conceitos. [Sem negrito no original, itálico do autor]

Em reconhecimento ao surgimento de Mach com seus trabalhos que instigariam o grupo vienense, no curso do processo de formação

---

22 Como estudado, esse projeto de unificação da ciência não é original, porque a autoria dele é de Ernst Mach. Não a unificação científica em si, cujo projeto, para esses vienenses, tem em Auguste Comte sua primeira propositura, mas os moldes dessa ideia de cooperação entre os ramos são certamente machianos.

daquele cenário de valorização e expansão científica no qual o Círculo posteriormente se inseriria, Neurath (1973, p. 302, tradução do autor) diz:

> [...] Nós [do Círculo de Viena] recordamos sua crítica [de Ernst Mach] sobre espaço absoluto, o que fez dele um precursor de Einstein; seu grande esforço contra a metafísica da coisa-em-si-mesma [sic] e do conceito de substância; e suas investigações para a construção de conceitos científicos a partir dos últimos elementos, ou seja, os dados que surgem pelos sentidos. Em alguns pontos, o desenvolvimento da Ciência não justificou suas opiniões, como, por exemplo, sua oposição à teoria atômica e sua expectativa de que a Física avançaria por meio da fisiologia dos sentidos. Os pontos essenciais, contudo, tiveram um uso positivo no posterior desenvolvimento da Ciência. [...].

Aliás, ao longo do manifesto inaugural, outras homenagens ao físico são feitas, como, por exemplo, nos dizeres de Neurath (1973, p. 301, tradução do autor), "Originalmente o interesse mais intenso do Círculo de Viena recaiu sobre a ciência empírica. Inspirado pelas ideias de **Mach**, Poincaré, e Duhem [...]" [Sem grifo no original].

Prosseguindo na trilha machiana (GORTON, 2006), Neurath (1973, p. 309, tradução do autor) informa quais foram as tradições filosóficas que aqueles vienenses seguiram, modificadas por um estilo próprio, constituindo o Empirismo Lógico:

> Nós distinguimos, na *concepção científica do mundo*, *duas características* essenciais. Na *primeira*, **ela é *empirista e positivista*:** o **conhecimento** só existe por **causa da experiência**, que repousa sobre o que é dado imediatamente. **Isso define os limites para o conteúdo da ciência legítima**. Na *segunda*, essa concepção é marcada pela aplicação de um certo método, chamado de *análise lógica*. O fim desse esforço científico é alcançar a meta, a **unificação da Ciência**, pela aplicação da análise lógica ao material empírico. [...]. [Sem negrito no original, itálico do autor]

Nessa influência, o Círculo, como aquele físico[23], estudou a causalidade (NEURATH, 1973) e demonstrou sua antipatia quanto a metafísica, o que Neurath (1973, p. 307, tradução do autor) preleciona:

> A **concepção científica do mundo rejeita a filosofia metafísica**. Mas como nós podemos explicar as escolhas erradas da metafísica? Essa questão pode ser posta em diferentes pontos de vista: psicológico, sociológico e lógico. [...]. [Sem grifo no original]

Tudo isso para, segundo Neurath (1973, p. 305, tradução do autor), não só adimplir com alguns objetivos maiores, além da já citada unificação científica, que continuaram sendo seguidos (GORTON, 2006) – mesmo que com o mínimo de acordo quanto aos seus conteúdos pelos membros do grupo (UEBEL, 2010) – mas promover uma visão científica do mundo:

> A Associação Ernst Mach é hoje o lugar no qual o Círculo fala para um público amplo. Essa associação, de acordo com o estabelecido em seu programa, quer **promover e disseminar a concepção científica do mundo**. Ela organizará palestras e publicações sobre a atual posição da concepção científica do mundo, de modo a demonstrar a **relevância da pesquisa exata para as ciências sociais e naturais**. Por isso, ferramentas intelectuais devem ser criadas para o empirismo moderno, as quais também são necessárias para informar a vida pública e a privada. Pela escolha desse nome, a associação pretende descrever sua **orientação fundamental: uma ciência livre da metafísica**. Isso, no entanto, **não significa** que a associação se declara em **absoluta concordância com as doutrinas de Mach**. O Círculo de Viena acredita que, colaborando com a Associação Ernst Mach, ele preenche uma demanda destes tempos: nós temos quemoldar aqueles instrumentos intelectuais para o cotidiano, para a rotina do acadêmico, mas também para o dia a dia de todos aqueles que, de algum modo,

---

23 Sobre isso, a subseção precedente esclarece o repúdio de Ernst Mach à metafísica e o que ele entendia por esse termo.

juntam-se [ao Círculo] trabalhando na remodelagem consciente da vida. A vitalidade, que se manifesta nos esforços por uma transformação racional da ordem social e econômica, permeia igualmente o movimento pela concepção científica do mundo. [...]. [Sem grifo no original]

Por último, há mais um lado característico, o que Hahn, Neurath e Carnap (1986, p. 17) explicitaram como a imprescindível perseguição da pureza científica

[...] Tal é, portanto, o caso, também nos domínios científicos sociológicos, em primeira linha história e economia política [sic]. Já há cerca de um século está em curso nestes domínios um processo de separação de misturas metafísicas. **Ainda não se alcançou aqui o mesmo grau de purificação alcançado na física.** Por outro lado, talvez neste caso a **tarefa de purificação** seja também menos urgente. [...]. [Sem grifo no original]

Por essa exposição, é cristalino que o Círculo de Viena, um grupo de estudiosos da Ciência, uniu-se com o propósito de construir, revisitando várias áreas de pesquisa (CHAPMAN, 2008) – inclusive valorizando a obra de Ernst Mach e colocando o movimento, de certo modo, como uma continuidade dela (GORTON, 2006) – uma explicação científica da experiência. Além disso, esse movimento que aconteceu em Viena foi polêmico, tanto pela intenção de revolucionar quanto pela concretude das modificações que causou na sociedade daquela época (UEBEL, 2010; LACERDA, 2009; CHAPMAN, 2008; JABLONER, 1998), e foi famoso por sua meta de unificar a ciência e de purificar os saberes científicos, espalhando no mundo a concepção científica segundo a interpretação desses sábios de Viena.

Embora as teses do Círculo não sejam pacíficas, há mínimos pontos de acordo (UEBEL, 2010) que, tomados como esteios, permitirão a avaliação adequada das teorias de Kelsen e Skinner e de seus referenciais teóricos, alcançando a correta hermenêutica de suas proposições.

A constante remissão e reverência desses vienenses à Mach, como se conclui, são os fatos que conectaram Kelsen a tal filósofo, mas chegaram tarde para imergir Skinner em suas releituras. Porém, é imperioso que isso seja esmiuçado.

CAPÍTULO 3
A IMPUTAÇÃO DE KELSEN

A partir das meditações anteriores, é possível interpretar o que, com grande repercussão no Direito Brasileiro, um dos juristas mais conhecidos, chamado Hans Kelsen, propôs: o direito positivo como ciência cujos objetos são comportamentos esculpidos em normas jurídicas (KELSEN, 1998a, 1998b, 1998c, 1971).

Antes da depreensão dessa proposta, convém evidenciar como Kelsen seguiu o que aprendera com o Círculo de Viena e, em decorrência, com a obra de Ernst Mach, para erguer sua ciência jurídica. Então, explicitar-se-á a obra kelseniana e sua ideia central pela cientificidade do Direito: a imputação.

3.1 KELSEN E O CÍRCULO DE VIENA

Para as compreensões pretendidas, como já sugerira Fulgencio (2000) sobre Ernst Mach, deve-se ter ciência de que Hans Kelsen[24] conheceu

---

24 Segundo Jabloner (1998), esse texto foi extraído de uma carta que Kelsen remetera a Henk L. Mulder em 5 de maio de 1963.

o Círculo de Viena e leu Mach. Como se evidenciará, Kelsen escolhia seus referenciais, mas não os seguia integralmente, nem era ávido por explicar o porquê de seguir uma parte do pensamento de um referencial e não ele todo.

Importa saber, em princípio, o que Kelsen (1963 apud JABLONER, 1998, p. 378-379, tradução do autor) escrevera em uma carta:

> Em resposta a sua carta de 31 de março, eu gostaria de informar que eu **não pertenço** a esse "Círculo de Viena" no **sentido próprio da palavra**. **Eu tive contatos pessoais** com esse Círculo por causa da minha amizade [como a de colegas de trabalho] com o **Prof. Schlick, Dr. Otto Neurath, Prof. Philipp Frank e Prof. Victor Kraft**. **O que me ligou à filosofia desse grupo – sem ser influenciado por ele – foi sua crença antimetafísica**. Desde o começo, eu rejeitei a filosofia moral desse Círculo – como formulada no livro de Schlick "Issues of Ethics" [Questões de Ética]. Porém, os escritos de **Philipp Frank e Hans Reichenbach** sobre **causalidade** influenciaram minha visão desse problema. A revista de filosofia **"Erkenntnis**[25]**"** [Conhecimento] publicou meu ensaio "Die Entstehung des Kausalgesetzes aus dem Vergeltungsprinzip" [O surgimento da lei da causalidade a partir do princípio da retribuição] em seu 8° volume e um ensaio intitulado "Causalidade e retribuição" em seu 9° volume... [Sem grifo no original]

Dentre os nomes citados, Moritz Schlick, Otto Neurath, Philipp Frank e Victor Kraft são membros fundadores do Círculo de Viena e

---

25 Rudolf Carnap e Hans Reichenbach editaram ela em 1930 (UEBEL, 2010; CHAPMAN, 2008). Além disso, essa palavra alemã compõe o título de um livro de Ernst Mach, Erkenntnis und Irrtum: Skizzen zur Psychologie der Forschung, traduzido em inglês para Knowledge and Error - Sketches on the Psychology of Enquiry (POJMAN, 2010; MAX PLANCK INSTITUTE FOR THE HISTORY OF SCIENCE, 2010; WEBER, 2010), ou, em tradução livre para o português, Conhecimento e Erro: Ensaios sobre a Psicologia da Pesquisa.

assinaram seu manifesto original, ao passo que Hans Reichenbach assinou esse documento na qualidade de simpatizante do grupo, e não como membro efetivo (UEBEL, 2010; NEURATH, 1973; HAHN; NEURATH; CARNAP, 1986). Considera-se igualmente importante mencionar que a redação do manifesto exordial, com todas as ideias já debatidas na seção antecedente, deve-se também a essas pessoas (UEBEL, 2010; CHAPMAN, 2008; NEURATH, 1973; HAHN; NEURATH; CARNAP, 1986).

Dessa forma, depreende-se que, se, por um lado, Kelsen afirma não ter sido propriamente membro do Círculo de Viena e sequer influenciado pelos seus integrantes, por outro lado, assume ter tido sua visão sobre a "causalidade" afetada pelos escritos de um dos membros fundadores, Philipp Frank, e por um simpatizante do Círculo, Hans Reichenbach; os quais, frise-se, compartilharam da reverência que aquele grupo tinha para com Mach.

Esse ponto se agrava ao se reconhecer que a revista na qual Kelsen publicara seus artigos era editada por Rudolf Carnap, membro do grupo vienense, e Reichenbach (CHAPMAN, 2008; UEBEL, 2010), sendo que esse último é expressamente mencionado pelo jurista austríaco em suas redações sobre causalidade (KELSEN, 1998a, 1971).

Quanto a Ernst Mach, a proximidade de Kelsen com o Círculo ensinou-lhe sobre tal filósofo, o que aparece no seguinte trecho: "[...] Por razões de **economia de pensamento**, deve-se partir do uso mais amplo possível da palavra 'Direito'. [...]" [Sem grifo no original] (KELSEN, 1998b, p. 7).

Caso não seja suficiente, deve-se meditar sobre o seguinte fragmento, no qual Kelsen declara a noção de causalidade que ele adotara:

> [...] **Hume demonstrou** que **não existe** na **natureza causalidade** no sentido de ligação necessária, mas apenas uma

sucessão regular de eventos. A idéia de uma lei geral da causalidade, em conformidade com a qual causas similares devem necessariamente produzir efeitos similares, é um mero **hábito do pensamento** [...]. [Sem grifo no original] (KELSEN, 1998a, p. 312-313)

Após o trecho citado, algumas discussões depois, Kelsen faz a 44ª referência bibliográfica[26] nesse texto[27], revelando sua leitura da obra em que Ernst Mach fala sobre funções da Ciência e economia de pensamento[28].

Contudo, o curioso não é essa menção expressa – mas posterior, saliente-se – a Mach. De fato, o excerto contém um resumo correto sobre David Hume (MORRIS, 2010; HUME, 2009), mas, originalmente, a exposição argumentativa é sensivelmente mais complexa e Hume (2009) sequer chegou a resumi-la[29]. O inquietante é que ambos, Mach (1919) e Kelsen (1971)[30], tenham exposto a mesma estrutura de orações em anos distintos. Apesar disso, está evidenciada a influência machiana.

Embora Kelsen diga que não se deixou levar pelas filosofias

---

26 Especificamente a referência ocorre no primeiro parágrafo da página 314, na obra consultada (KELSEN, 1998a), o que remete, na página 400 (KELSEN, 1998a), a este livro: " [...] MACH, Ernst. **Die Mechanik in ihrer Entwicklung**. Leipzig: F. A. Brockhaus, 1897". Em alemão, o nome completo da obra é "Die Mechanik in ihrer Entwickelung historisch-kritisch dargestellt", e ela foi traduzida em inglês para "The Science of Mechanics: a critical and historical account of its development" (MACH, 1919).

27 Que não é o publicado na revista Erkenntnis, mas sim outro que fora exibido pela revista Philosophy of Science com o nome de "Causalidade e retribuição" (KELSEN, 1998a, 1971).

28 Consultada neste trabalho e discutida na subseção cujo tema é Ernst Mach.

29 Hume escrevera anonimamente uma sinopse, por volta de 1739-1740, na qual ele se faz passar por uma terceira pessoa que estivesse resenhando seu primeiro livro, Tratado da Natureza Humana. Ele a escreveu em razão da dificuldade que a comunidade inglesa de sua época encontrara para entendê-lo (HUME, 2009). Mesmo nessa sinopse, não há um resumo tal qual o de Kelsen ou Mach.

30 A tradução do livro consultado (KELSEN, 1998a) é fidedigna, nesse trecho, com o livro escrito em inglês por Kelsen (1971).

daquele grupo vienense, na leitura de sua carta, ele reconhece que foi afetado por uma parte delas. Na parte que ele seguiu, há que se lembrar das homenagens que o Círculo fazia a Mach (GORTON, 2006; NEURATH, 1973; HAHN; NEURATH; CARNAP, 1986; UEBEL, 2010), que direta ou indiretamente levaram Kelsen a ler sobre Mach, inclusive a ter conclusões idênticas às dele. Entretanto, é possível interpretar essa correspondência como uma concordância seletiva sobre as doutrinas do Círculo: algumas ele seguiu, outras não; e a mesma seletividade pode também ter atingido a aplicação das teorias machianas.

A interpretação sobre Kelsen, pelo exposto, deve atentar-se na identificação dessas eventuais escolhas feitas por esse jurista, para que seja tanto possível estudar os seus argumentos corretamente quanto verificar quais de suas contribuições são originais e se erguem por fundamentos distintos e próprios desse jurista. Por hora, entretanto, já se conhece a fonte de suas percepções.

3.2 A OBRA DE HANS KELSEN

Tendo como objetivo a realização de um novo confronto a Kelsen, é preciso descrever esse autor. Por isso, devem-se conhecer as ponderações kelsenianas sobre ciência antes de serem feitas quaisquer considerações, sendo, pois, imperioso detalhar amplamente sua filosofia e apurar quais críticas já lhe foram dirigidas.

Como o Círculo de Viena, Hans Kelsen dissertou sobre os mais diversos assuntos e áreas, sempre por uma ótica do Direito (KELSEN, 1998a, 1998b, 1998c, 1971). Todavia, é um livro temático em especial, publicado em 1934 e substancialmente alterado em 1960[31], que o conferiu maior repercussão no Direito brasileiro e no mundo: a Teoria Pura do Direito. Nesse livro também está o arcabouço da cientificidade vista no Direito (COELHO, 2001), embora possam ser encontradas contribuições igualmente relevantes em outros escritos.

Nesse livro, Kelsen (1998c, p. 1) conceitua sua teoria:

> A Teoria Pura do Direito é uma teoria do **Direito positivo** – do Direito positivo em geral, não de uma ordem jurídica especial. É teoria geral do Direito, não interpretação de particulares normas jurídicas, nacionais ou internacionais. Contudo, fornece uma **teoria da interpretação**. [Sem grifo no original]

Imediatamente em seguida, ele (1998c, p. 1) especifica seu objeto de pesquisa:

> Como teoria, quer única e exclusivamente **conhecer o seu próprio objeto**. Procura responder a esta questão: **o que é e como é o Direito?** Mas já não lhe importa a questão de saber como deve ser o Direito, ou como deve ele ser feito. É **ciência jurídica** e não política do Direito. [Sem grifo no original]

Mas é em outra oportunidade que ele diz categoricamente que "O objeto específico de uma ciência jurídica é o Direito positivo ou real, [...]" (KELSEN, 1998b, p. XXIX).

Os dizeres de Kelsen levam a alguns resultados: sua Teoria Pura é uma ciência cujo objeto é o direito positivo e ela quer entender apenas o

---

31 Nos próprios dizeres de Kelsen (1998c, p. XVII): "*A segunda edição da minha* Teoria Pura do Direito, *[...], representa uma **completa reelaboração** dos assuntos versados na primeira edição e um **substancial alargamento** das matérias tratadas*" [Sem negrito no original, itálico do autor].

que é e como é o Direito, porém é também uma teoria da interpretação dessas normas positivas, ou seja, uma filosofia. Logo, esse jurista não distingue ciência e filosofia, estando as duas abarcadas em sua Teoria. Essas conclusões são confirmadas em 1944, em outra obra (KELSEN, 1998b), na qual ele escreve:

> Quando esta doutrina é chamada "Teoria Pura do Direito", pretende-se dizer com isso que ela está sendo **conservada livre de elementos estranhos** ao método específico de **uma ciência cujo único propósito é a cognição do Direito**, e não a sua formação. [Sem grifo no original] (KELSEN, 1998b, p. XXVIII)

> Como o objetivo desta teoria geral do Direito é **capacitar** o jurista interessado numa ordem jurídica particular, o advogado, o juiz, o legislador ou o professor de Direito a **compreender** e a **descrever** de modo tão exato quanto possível o seu próprio Direito, [...]. [Sem grifo no original] (KELSEN, 1998b, p. XXVIII)

Essa busca em conservar o Direito livre de elementos estranhos é o que torna sua teoria uma posição purificada. Essa pureza é explicada, inclusive justificando o termo "pura" utilizado na nomenclatura dessa teoria, o que invariavelmente escancara a influência que o Círculo de Viena o causara, porque, como descrito neste trabalho, esse grupo de filósofos estavam determinados a expurgar a metafísica, isso é, purificar a Filosofia e a Ciência:

> Quando a si própria se designa como "pura" teoria do Direito, isto significa que ela se propõe garantir um conhecimento apenas dirigido ao Direito e **excluir deste conhecimento tudo quanto não pertença ao seu objeto**, tudo quanto não se possa, rigorosamente, determinar como Direito. Quer isto dizer que ela pretende **libertar a ciência jurídica** de todos os **elementos** que lhe são **estranhos**. [...]. [Sem grifo no original] (KELSEN, 1998c, p. 1)

Isto parece-nos algo de per si evidente. Porém um relance de olhos sobre a ciência jurídica tradicional, tal como se desenvolveu no decurso dos sécs. XIX e XX, mostra claramente quão longe ela está de satisfazer à **exigência da pureza**. [...]. [Sem grifo no original] (KELSEN, 1998c, p. 1)

A purificação kelseniana – mais uma vez expondo a influência do Círculo em suas divagações – envolve a remoção, no estudo do direito positivo, de indagações sobre a justiça, a política, a moral, a religião, o que deve ser o Direito e principalmente sobre o Direito natural, então coisas concebidas por Kelsen como fragmentos metafísicos ainda presentes no Direito e, por isso mesmo, incompatíveis com a cientificidade dessa proposta (KELSEN, 1998a, 1998b, 1998c, 1971; JABLONER, 1998; COELHO, 2001).

Com o uso de uma interpretação purificada sobre o Direito, Kelsen pôde conceituar que "O Direito é uma **ordem da conduta humana**. Uma 'ordem' é um **sistema de regras**. [...]" [Sem grifo no original] (KELSEN, 1998b, p. 37). Contudo, é uma ordem com um instrumento em especial:

O que distingue a ordem jurídica de todas as outras ordens sociais é o fato de que ela **regula a conduta humana** por meio de uma **técnica social específica**. [...]. [Sem grifo no original] (KELSEN, 1998b, P. 37)

O problema do Direito, na condição de problema científico, **é um problema de técnica social**, não um problema moral. [Sem grifo no original] (KELSEN, 1998b, p. 8)

A Teoria Pura do Direito [...] vê o Direito não como a manifestação de uma autoridade supra-humana, mas como **uma técnica social específica baseada na experiência humana**[32]; [...]. [Sem grifo no original] (KELSEN, 1998b, p.

32 Mais uma vez, a perseguição da experiência humana para sustentar essa técnica social

XXIX)

Essa técnica social a que Kelsen alude é a punição, a coerção ou a sanção, prevista em uma norma jurídica, que um homem inflige em outro por esse ter adotado um comportamento proibido nessa norma[33] (KELSEN, 1998a, 1998b, 1998c, 1971; JABLONER, 1998; COELHO, 2001). Essa conclusão está em plena harmonia com Kelsen (1998b, p. 40), ao ensinar o que é o Direito:

> [...] O Direito é uma **ordem** [da conduta humana] que atribui a todo membro da comunidade seus deveres e, desse modo, sua posição na comunidade, por meio de uma **técnica específica**, prevendo um **ato de coerção**, uma **sanção dirigida contra o membro** da comunidade que **não cumpre** seu dever [previsto em uma norma]. [...]. [Sem grifo no original]

Dentro dessas composições, "Uma ordem social que busca efetuar nos indivíduos a conduta desejada através da decretação de tais medidas de coerção é chamada ordem coercitiva" (KELSEN, 1998b, p. 26) e, sendo que "[...] o Direito é uma ordem coercitiva" (KELSEN, 1998b, p. 27), Jabloner sinteticamente delimita a inquietação da Teoria Pura do Direito quanto ao controle do comportamento humano por um método em especial, visto por Kelsen (1998a, 1998b, 1998c, 1971) como mais importante que controlar o comportamento por recompensas:

> A questão básica da Teoria Pura do Direito é a a descrição da lei como um método social específico que envolve o **controle do comportamento humano** por meio da **coerção**. [Sem grifo no original] (JABLONER, 1998, p. 371, tradução do autor)

---

pode não ser mera coincidência, tendo em vista a leitura que Kelsen fizera sobre Mach e a influência do Círculo de Viena, aqueles que idolatraram esse físico austríaco.

33 A ligação entre a conduta proibida e a consequência determinada em uma regra jurídica é também o pilar de Kelsen pela cientificidade do Direito, como será visto adiante.

A preferência de Kelsen (1998a, 1998b, 1998c, 1971) pela coerção, punição ou sanção, que é a técnica que o Direito sempre adotou, é mais uma questão histórica[34], presente e comum na humanidade desde seus primórdios, que propriamente uma questão de que seja a técnica mais efetiva disponível:

> [...] No entanto, há um elemento comum que justifica plenamente essa terminologia e que dá condições à **palavra "Direito"** de surgir como expressão de um conceito com um significado muito mais importante em termos sociais. Isso porque a palavra **se refere à técnica social específica de uma ordem coercitiva**, a qual, apesar das enormes diferenças entre o Direito da antiga Babilônia e o dos Estados Unidos de hoje, entre o Direito dos *ashanti* na África Ocidental e o dos suíços na Europa, é, contudo, **essencialmente a mesma para todos esses povos** que tanto diferem em tempo, lugar e cultura: **a técnica social que consiste em obter a conduta social desejada dos homens através da ameaça de uma medida de coerção a ser aplicada em caso de conduta contrária.** [...]. [Sem negrito no original, itálico do autor] (KELSEN, 1998b, p. 27-28)

Nessa discussão sobre punição e controle coercitivo na história da humanidade, todavia, o jurista austríaco (1998b, p. 28) reconhece sua própria ignorância:

> [...] Tampouco **sei** se é **possível ou não** o gênero humano se **emancipar totalmente** dessa **técnica social** [a coerção/punição]. Mas, **caso a ordem social** viesse **no futuro** a não mais possuir o caráter de ordem coercitiva, caso **a sociedade viesse a existir sem o "Direito"**, então, a diferença entre essa **sociedade do futuro** e a do presente seria **incomensuravelmente maior** que a diferença entre os Estados Unidos e a Babilônia antiga, ou entre a Suíça e a tribo *ashanti*.

---

34 Relances históricos também eram comuns nos escritos de Ernst Mach e no manifesto do Círculo de Viena, como já visto.

[Sem negrito no original, itálico do autor]

Por esses ensinamentos, depreende-se que Kelsen vê sua teoria tanto como uma ciência sobre o direito positivo como uma filosofia a respeito dele, porque decifra seu objeto para que os profissionais do Direito possam compreendê-lo e descrevê-lo. Seguindo o Círculo de Viena, ao purificar sua perspectiva, a ciência jurídica cinge-se a ser uma técnica social coercitiva para controlar o comportamento humano, o que significa dizer que uma conduta indesejada é ligada[35] a uma consequência, em geral punitiva, dentro de uma norma jurídica. Por fim, tal técnica é considerada pela história da experiência humana como mais efetiva nesse controle que recompensar o comportamento (KELSEN, 1998a, 1998b, 1998c, 1971).

Em sua visão, a técnica social que o Direito adota, porque foi sempre utilizada, exige que investigação do Direito não verse a respeito de como a técnica deve ser, mas como ela é efetivamente usada. Contudo, Kelsen não sabe dizer se essa técnica social – frequente nos sistemas jurídicos do mundo – pode ser abandonada pela sociedade. Entretanto, acaso o possa, a nova ordem social será em muito diferente das ordens sociais que eram consideradas em sua época como as mais avançadas, e o Direito, como ele é conhecido, não existirá no futuro.

Essa opinião não foi compreendida por aqueles que discutiram o Direito e comentaram sobre a tese kelseniana. Eles não se aprofundaram na compreensão da opinião kelseniana (COELHO, 2001), talvez por aquela afinidade com o Círculo e com seus objetivos, talvez porque o Positivismo é uma escola filosófica sobre a qual pairam várias confusões (LACERDA, 2009; RODRIGUES, 2006). Porém, tais avaliações superficiais foram detectadas por Kelsen (1998c, p. XII):

> [...] Não foi, pois, por eu propor uma completa mudança de
> orientação à Jurisprudência, mas por eu a fixar a uma das

---

35 É essa ligação que será melhor entendida adiante, quando se descrever a imputação.

orientações entre as quais ela oscila insegura, não foi tanto pela novidade, mas antes as conseqüências da minha doutrina, que provocaram esse tumulto na literatura. E isto por si só já permite presumir que no combate à teoria Pura do Direito não atuam apenas motivos científicos, mas, sobretudo, motivos políticos e, portanto, providos de elevada carga afetiva.

[...] é compreensível que os opositores se sintam pouco inclinados a fazer justiça a uma teoria que põe tais exigências [renúncia a uma posição de destaque]. **Para a poder combater** [sic], **não se deve reconhecer a sua verdadeira essência.** Assim, acontece que os argumentos que são dirigidos, não propriamente contra a Teoria Pura do Direito, mas contra a sua **falsa** imagem, construída segundo as necessidades do eventual opositor, se anulam mutuamente e, portanto, quase tornam supérflua uma refutação. **É destituída de qualquer conteúdo, é um jogo vazio de conceitos ocos, dizem com desprezo uns; o seu conteúdo significa, pelas suas tendências subversivas, um perigo sério para o Estado constituído e para o seu Direito, avisam outros.** Como se mantém completamente alheia a toda política, **a Teoria Pura do Direito afasta-se da vida real e, por isso, fica sem qualquer valor científico.** É esta uma das objeções mais freqüentemente levantadas contra ela. Porém, ouve-se também com não menos freqüência: **a Teoria Pura do Direito não tem de forma alguma possibilidade de dar satisfação ao seu postulado metodológico fundamental e é mesmo tão-só a expressão de uma determinada atitude política. [...]. Em suma, não há qualquer orientação política de que a Teoria Pura do Direito não se tenha ainda tornado suspeita.** Mas isso precisamente demonstra, melhor do que ela própria o poderia fazer, a sua pureza. [Sem grifo no original] (KELSEN, 1998c, p. XVIII)

Como esse resumo permite entender, mas também a opinião de Coelho (2001) no mesmo sentido, nenhuma questão foi levantada sobre a forma como Kelsen, tão só com seu relato histórico, tenta erguer uma Ciência do Direito, nem se questionou a efetividade da técnica social que o

Direito emprega para realizar aquele controle sobre o comportamento humano ou o pilar sobre o qual se funda o Direito científico: a imputação.

Eis que, para formular uma crítica diferente das que foram feitas, além do que agora se sabe, há que se pesquisar sobre o fenômeno que ocorre na norma jurídica que adota aquela técnica e foi visto como fundamento do Direito, ou seja, o argumento de Kelsen para essa ciência, que é aquilo que ele chamou de imputação.

3.3 IMPUTAÇÃO: POR UMA CIÊNCIA DO DIREITO

Em 1941, Hans Kelsen publicara um artigo intitulado "Causalidade e retribuição" e, em 1950, ele tornou público outro, especialmente relevante: "Causalidade e imputação". Essas ideias foram acrescidas, em 1960, ao texto da 2ª edição daquele que é um de seus livros mais famosos: Teoria Pura do Direito (KELSEN, 1998a, 1998b, 1998c, 1971). São esses textos que, agora, são analisados para balizar a tese dele sobre a Ciência do Direito e apurar seus suportes, o que identificará o ponto fraco dessa tese.

No artigo "Causalidade e retribuição", Kelsen (1998a, p. 301) demonstra sua familiaridade com Ernst Mach, inclusive citando esse autor em outro momento desse texto:

> Se aceitarmos os resultados da **física** moderna e a significação a eles atribuídos por insignes expoentes desta que é a mais exata de todas as ciências naturais, **estaremos no meio de uma importante transformação da nossa concepção do universo**. A noção de que a lei da causalidade determina absolutamente todos os eventos foi abalada e, embora essa lei

não deva ser inteiramente eliminada do pensamento científico, sua interpretação deve, pelo menos, ser modificada essencialmente. No curso desta controvérsia, surge a questão de qual é a fonte da crença que pretende serem os eventos determinados por uma lei absoluta, isto é, **qual a origem da suposição, que temos como certa, de que cada evento deve ser o efeito necessário de uma causa, segundo uma lei inviolável**. Procuraremos mostrar como **a crença na causalidade surgiu na evolução do pensamento humano**. [Sem grifo no original]

O que Kelsen afirma é a construção de uma causalidade pelo sujeito e não pela natureza, em parte nos moldes que Mach, anos antes dele, já havia proposto. Os traços que marcam essa influência são, sem dúvidas, condensados na meta de encontrar a causalidade na evolução do pensamento do homem, pois foi no pensamento que Mach (1919) colocara a norma causal sob consequências evolucionárias.

Dentro da percepção kelseniana, a abordagem sobre a causalidade é tão somente para explicar que ela evoluiu e se separou da lei da retribuição. Assim, ele (1998a, p. 302) faz uma narrativa histórica, e talvez o faça porque é uma característica machiana essa busca histórica:

> [...] O chamado homem natural, que, na verdade, é um homem social de todos os pontos de vista, acredita que a ordem jurídica de sua comunidade também governa a natureza. Portanto, ele interpreta a natureza por meio dos mesmos princípios que determinam sua relação com os outros membros do grupo. A regra fundamental da ordem social primitiva, contudo, é o **princípio da retribuição**, que domina por completo a consciência inteiramente social do homem primitivo. [Sem grifo no original]

Vê-se, pois, que o jurista austríaco localiza no passado, isso é, na cognição primitiva, o que ele chamou de princípio da retribuição, na medida em que o homem natural em seu texto é um homem primitivo. Ao localizar no passado esse princípio, ele (1998a, p. 302) justifica que:

> Estamos supondo que a condição do homem primitivo contemporâneo seja similar ao **estado anterior do homem civilizado** e que, em seu desenvolvimento, o homem tenha passado por um **estádio** [sic] **primitivo** cujos traços ainda subsistem em certos costumes, histórias, idéias religiosas, etc. [...]. [Sem grifo no original]

Logo, toda a construção argumentativa dele está posta sobre tal suposição de primitividade. Com a exposição dessa base hipotética, pode-se definir esse princípio da retribuição, o que ele (1998a, p. 302) faz:

> Trata-se do princípio segundo o qual um homem **retribui** o **bem com o bem, o mal com o mal**, e espera, portanto, ser **punido por um mal** cometido por ele ou por membro de seu grupo e ser **recompensado por um mérito seu** ou de um companheiro seu. Ele espera ser punido ou recompensado não apenas por sua má ou boa conduta para com os homens, mas também por sua conduta para com a natureza. [Sem grifo no original]

> [...] Esse princípio [da retribuição] liga apenas um evento particular, caracterizado como um mal, a outro evento, a punição, também determinado com precisão e nitidamente separado do primeiro **do ponto de vista cronológico**. [...]. [Sem grifo no original] (KELSEN, 1998a, p. 315)

Não obstante, ele (1998a, p. 312-313) também define a noção de causalidade que ele adotou, em termos similares aos vistos nos excertos sobre Ernst Mach[36]:

---

36 Algumas considerações sobre a originalidade dessa citação já foram feitas na primeira subseção desta seção.

[...] Hume demonstrou que não existe na natureza causalidade no sentido de ligação necessária, mas apenas uma sucessão regular de eventos. A idéia de uma lei geral da causalidade, em conformidade com a qual causas similares devem necessariamente produzir efeitos similares, é um mero hábito do pensamento [...].

Para Kelsen (1998a, 1998c, 1971), a retribuição é uma perspectiva gradualmente ultrapassada por uma nova causalidade, aquela de David Hume (MORRIS, 2010; HUME, 2009), pois o desenvolvimento humano, criticando a antiga causalidade permeada por retribuição, havia reconstruído a lei causal. A retribuição exercia seus efeitos sobre um fato particular, ou seja, uma conduta errada equivale a uma punição. Se mais de uma punição era aplicada, então restaria violada a regra do *ne bis in idem*[37], pelo que ele afirmara que a retribuição tinha um fim, um limite. Ao passo que a nova lei de causa e efeito se inseria em um processo de continua causalidade e não mais se limitava a só uma ligação entre uma causa e um efeito: o efeito de uma relação será a causa da próxima relação, infinitamente. Desse modo, ele, ao final de "Causalidade e retribuição", é taxativo, após sua análise histórica feita sobre aquela hipótese, ao dizer que "[...] Essa transformação da noção de causalidade é o último passo no processo da sua emancipação do princípio de retribuição" (KELSEN, 1998a, p. 321).

Todavia, o trabalho do neopositivismo jurídico sobre a causalidade não termina no discurso de separação entre causas e retribuições. Em "Causalidade e imputação", Kelsen (1998a; 1971) confere ao tema do princípio da retribuição uma nova roupagem e uma nova argumentação.

Nesse segundo artigo, esse jurista purificador (1998a, p. 323) começa seu raciocínio para conferir ao Direito, como ciência social, uma

---

37 Esse é um brocardo jurídico que significa que ninguém pode ser punido duas vezes. Segundo Kelsen (1998a, p. 315), é a regra do Direito que prescreve "[...] uma infração, uma punição".

justificativa científica: "É usual distinguir ciências naturais e sociais como ciências que tratam de dois objetos diferentes: natureza e sociedade. **Mas natureza e sociedade são realmente dois objetos diferentes?**" [Sem grifo no original].

Antes de responder a essa indagação sobre dicotomia de objetos científicos, ele (1998a, p. 323) complementa a pergunta anterior dizendo que "Se existe uma ciência social diferente da ciência natural, ela deve descrever seu objeto segundo um princípio diferente do princípio da causalidade".

De imediato vê-se que o objetivo de Kelsen, nesse texto, é encontrar um argumento científico para o seu modelo de Ciência do Direito, isso é, encontrar um princípio diferente da causalidade para sustentar o estudo científico da sociedade.

Para isso, esse positivista (1998a, 323) define que:

> A **natureza**, segundo uma dentre muitas definições, é uma **ordem particular de coisas**, ou um **sistema de elementos ligados um ao outro** como **causa e efeito**, isto é, segundo o **princípio** específico denominado "**causalidade**". As chamadas leis da natureza, pelas quais a ciência da natureza descreve seu objeto (por exemplo, a afirmação: um corpo metálico expande-se quando aquecido), são aplicações desse princípio. A ligação entre calor e expansão em nosso exemplo é a causa e efeito. [Sem grifo no original]

E detalha como ele encara a sociedade (1998a, p. 323-324) e sua opinião acerca do porquê deve existir uma diferenciação entre o natural e o social, para então apresentar um outro princípio capaz de suportar o Direito:

A **sociedade** é uma **ordem** da **conduta humana**. Mas **não há razão suficiente** para considerar a conduta humana como **elemento da natureza**, isto é, como determinada pela lei da causalidade; e, na medida em que a **conduta humana é concebida como determinada por leis causais**, uma ciência que lida com a conduta mútua dos homens e que, por esse motivo, é classificada como ciência social, **não difere essencialmente da física ou da biologia**. Contudo, se analisarmos nossas **proposições quanto à conduta humana**, descobriremos que **ligamos atos de seres humanos** entre si e com outros fatos não apenas única e exclusivamente segundo o princípio da causalidade, isto é, como causa e efeito, mas segundo outro princípio, **inteiramente diverso da causalidade**, um princípio para o qual **a ciência ainda não estabeleceu um termo geralmente reconhecido**. Apenas se for possível provar a existência desse princípio em nosso pensamento e sua aplicação nas **ciências que lidam com a conduta humana**, estaremos autorizados a considerar a **sociedade como uma ordem ou um sistema diferente do da natureza**, e as ciências que se ocupam da sociedade como diferentes das ciências naturais. [Sem grifo no original]

Além disso, expondo a influência que o Círculo de Viena o causou, e dai porque toda a preocupação kelseniana é cientificar o Direito, ele (1998a, p. 325) declara a imprescindibilidade dessa distinção, também para afastar o que ele ojerizara e taxava como metafísico, o direito natural (KELSEN, 1998a, 1971):

[...] Do ponto de vista de uma **interpretação científica do mundo**, porém, dentro da qual **apenas** uma doutrina **positivista** do Direito é possível, a **distinção** entre lei da natureza e regra de Direito deve ser enfaticamente sustentada. [Sem grifo no original]

Pelo exposto, Kelsen labora hipoteticamente com a afirmação de que a sociedade é uma ordem da conduta humana e que não existem razões para considerar o comportamento humano como determinado pela causalidade, para o que ele propõe encontrar, no pensamento do homem moderno, um princípio diferente da regra de causa e efeito. Como ele insiste, se ele conseguir encontrar essa nova regra, então será imprescindível uma cisão entre ciências naturais e sociais, do que se erigirá o Direito sob a ótica científica.

Nesse sentido, ele (1998a, p. 324) prossegue caracterizando que a nova regra, isso é, a imputação, é uma analogia:

> Esse princípio tem, nas **regras de Direito**, uma **função análoga** a que tem o princípio da **causalidade nas leis naturais** por meio das quais a ciência natural descreve a natureza. Uma regra de Direito, por exemplo, é a afirmação de que, **se um homem cometeu um crime, uma punição deve ser infligida a ele** [...]. Formulando de um modo mais geral: **se um delito foi cometido, uma sanção deve ser executada. Assim como uma lei da natureza, uma regra de Direito liga dois elementos.** Mas a ligação descrita pela regra de Direito tem um **significado totalmente diferente** do de causalidade. [...] A ligação entre causa e efeito é **independente** do ato de um ser humano ou sobre-humano. Mas **a ligação** entre um delito e uma sanção jurídica é **estabelecida por um ato, ou atos, de seres humanos**, por um ato criador de Direito, isto é, **um ato cujo significado é uma norma.** [Sem grifo no original]

> Como **a ligação** entre **delito e sanção** é **estabelecida por uma** prescrição ou por uma permissão – uma **"norma"** –, **a ciência do Direito descreve seu objeto por meio de proposições em que o delito está ligado à sanção** pela cópula "deve". **Sugeri designar essa ligação como "imputação".** [...]. Por tanto, podemos dizer: a sanção é imputada ao delito, ela não é causada pelo delito. [Sem grifo no original] (KELSEN, 1998a, p. 326)

Por isso, a imputação kelseniana é um fenômeno que ocorre nas regras do Direito, sendo análogo à causalidade porque também tem a ver com uma ligação, mas diferencia-se dela porque nela há uma ligação independente de qualquer vontade, humana ou não, entre causa e efeito; e na imputação a ligação entre um comportamento (conduta) e outro (consequência, sanção) depende de uma vontade. Para que fique claro:

> O **princípio da imputação** – sendo esse termo usado em seu sentido original – **interliga dois atos da conduta humana**: a **conduta de um indivíduo com a conduta de outro**, como, por exemplo, na lei moral que estipula recompensa ao mérito ou na lei jurídica que estipula punição para o crime; ou a conduta de um indivíduo com outra conduta do mesmo indivíduo, como, por exemplo, na lei religiosa que estipula penitência para o pecado. Em todos esses casos a conduta humana prescrita pela norma social é **condicionada** pela conduta humana. [Sem grifo no original] (KELSEN, 1998a, p. 346)

> [...] o verdadeiro significado da afirmação de que um **mérito** é **imputado** a uma pessoa é que a pessoa deve ser **recompensada** pelo seu mérito; [...] o verdadeiro significado da afirmação de que um **crime** é **imputado** a uma pessoa é que essa pessoa deve ser **punida** pelo seu crime. [Sem grifo no original] (KELSEN, 1998a, p. 333)

Para mostrar as diferenças entre esses princípios e, com isso, justificar o surgimento da Ciência do Direito, Kelsen (1998a, p. 331) aduz que

> [...] A **diferença** entre **causalidade e imputação** é que a relação entre condição, que na lei da natureza é apresentada como causa, e a consequência, que é aqui apresentada como efeito, é **independente de um ato humano ou sobre-humano**; ao passo que a **relação entre condição e consequência**, afirmada por uma lei moral, religiosa ou jurídica, é **estabelecida por atos de seres humanos ou sobre-humanos**. É justamente este significado específico da ligação

entre condição e conseqüência que é expresso pelo termo "dever ser". [Sem grifo no original].

> É justamente essa [sic] diferença entre imputação e causalidade: que existe um ponto final de imputação, mas não um ponto final de causalidade [...]. (KELSEN, 1998a, 332)

Terminando sua argumentação pela separação entre tais princípios, Hans Kelsen (1998a, p. 330) finalmente conceitua o Direito na sua forma científica, que se atenta tão somente à imputação:

> [...] A **diferença entre elas** [as ciências sociais] e **as ciências naturais** que não se ocupam da conduta humana é apenas uma diferença de grau de precisão, não de princípio. Tal diferença existe apenas entre ciências naturais e ciências que interpretam as relações humanas não segundo o princípio da causalidade, mas segundo o princípio da imputação – **ciências que se ocupam da conduta humana não como efetivamente ocorre, como causa e efeito, na esfera da realidade, mas como deve ocorrer, determinada por normas**. [Sem grifo no original]

E, como ele (1998a, p. 326) expressamente consente, ressalta-se que a Ciência do Direito não se interessa pela causalidade:

> É evidente que **a ciência do Direito não pretende**, em absoluto, **uma explicação causal dos fenômenos**, que, nas proposições por meio das quais a ciência do Direito descreve seu objeto, **aplica-se o princípio de imputação, não o da causalidade**. [Sem grifo no original]

A partir disso, ele (1998a, p. 345) acredita que seu projeto é uma solução para a dicotomia entre sociedade e natureza, como também para cientificar o Direito:

[...] a imputação como um princípio diferente da causalidade, mas análogo a ela, um realizando nas ciências sociais o que o outro consegue nas ciências naturais. **Essa parece ser uma solução satisfatória para um antigo problema**. [Sem grifo no original]

Dessa forma, Kelsen acredita, nesse escrito, que a imputação ordena os comportamentos dos homens, sendo, então, o sustentáculo mais firme do Direito – considerado uma ciência social e não uma natural – ; e que o Direito deve ser uma ciência cujos objetos são os comportamentos humanos circunscritos em uma norma jurídica: conduta e consequência, ligados pelo elo imputativo. Ainda, ele (1998a, 1971) demonstra que tanto causalidade quanto imputação são determinadores das condutas humanas, isso é, estão em contrariedade com a imagem do homem como sujeito livre ou de conduta livre; e que o ato de imputar alguém é o verdadeiro significado da noção de responsabilidade.

Após a intelecção dessas obras, faz-se necessário comparar esses documentos, pois uma leitura desatenta dos artigos verá na imputação uma novidade, todavia, no texto "Causalidade e retribuição", Kelsen (1998a, p. 302) já definira que a retribuição é o

[...] princípio segundo o qual um homem retribui o bem com o bem, o mal com o mal, e espera, portanto, ser punido por um mal cometido por ele ou por membro de seu grupo e ser recompensado por um mérito seu ou de um companheiro seu. [...]. [Sem grifo no original]

O que não difere muito da sua própria definição sobre a imputação:

[...] Formulando de um modo mais geral: se um delito foi cometido, uma sanção deve ser executada. Assim como uma lei da natureza, uma regra de Direito liga dois elementos. [...]. [Sem grifo no original] (KELSEN, 1998a, p. 324)

> [...] o verdadeiro significado da afirmação de que um mérito é imputado a uma pessoa é que a pessoa deve ser recompensada pelo seu mérito; [...] o verdadeiro significado da afirmação de que um crime é imputado a uma pessoa é que essa pessoa deve ser punida pelo seu crime. [Sem grifo no original] (KELSEN, 1998a, p. 333)

Então, se, por uma face, Hans Kelsen defende a imputação como base da Ciência do Direito e o que a consolida como ciência social, por outra, não está fazendo mais do que afirmar que, o então retrógrado princípio da retribuição que discutira em 1941, é, de fato, a imputação a que se referira em 1950, com alguns acréscimos. Em outras palavras, uma sanção[38] não é mais que a retribuição feita contra a prática de um delito. Ciente dessa questão, Kelsen (1998c, p. 111) distingue, em 1960, que

> [...] Toda retribuição (Vergeltung) é imputação; mas nem toda imputação é retribuição. Além disso, importa ter em atenção que as normas podem-se [sic] referir a indivíduos sem, por isso, se referirem à sua conduta. É este, por exemplo, o caso da responsabilidade pelo ilícito de outrem e, particularmente, o caso da responsabilidade coletiva.

Embora a explanação de Kelsen pareça ilidir a constatação de que retribuição e imputação são a mesma coisa, porque disse que a diferença entre esses princípios é a quem se referem as normas, a bem da verdade ele se esquece da própria definição que deu à norma jurídica – um comportamento ligado a outro – e também de que, em suas palavras, "[...] conduta **não pode** ser **separada** de seu sujeito" [Sem grifo no original] (KELSEN, 1998a, p. 333). Desse modo, mesmo que a lei não se refira só a um indivíduo ou uma coletividade, sempre haverá pelos menos uma conduta, e,

---

38 Como narrado na subseção anterior, a sanção é a técnica social que o Direito usa para controlar o comportamento humano.

como se verá a seguir, basta que o Direito se preocupe com uma única conduta para que seja derrotado cientificamente.

Quanto a essa conclusão de identidade entre retribuição e imputação, adere-se Coelho (2001, p. 53-54), que dá os mesmos exemplos que Kelsen dera, mas com uma sensível diferença de nomenclatura:

> Primitivamente, o homem não teria explicado os fenômenos da natureza de acordo com o princípio da causalidade, mas segundo o da **imputação**. Para Kelsen, o homem primitivo interpretava as condições desfavoráveis da natureza, como má colheita ou intempéries, como **castigo** aplicado pela **conduta indevida** dos membros da tribo. De modo similar, tomava as **condições favoráveis** como prêmio por sua **conduta**. [Sem grifo no original]

Acaso se diga o contrário, isso é, que subsiste essa distância entre tais princípios, é inescusável que a imputação não perdeu a sua grande parcela de retribuição, a consequência (punição prevista na lei, técnica social do Direito) será pouca coisa mais que retribuir o infrator (praticante da conduta) e os postulados kelsenianos permanecerão em contradição e sequer escaparão do contra-argumento apresentado a seguir.

Não obstante, uma leitura desatenta também não verá que ambos os artigos são construídos sobre suposições, não sobre provas científicas. No texto que versa sobre a retribuição, lê-se:

> **Estamos supondo** que a condição do homem primitivo contemporâneo **seja similar** ao estado anterior do homem civilizado **e que**, em seu desenvolvimento, **o homem tenha passado por um estádio primitivo** [...]. [Sem grifo no original] (KELSEN, 1998a, p. 302)

E, no que discursa sobre a imputação: "[...] **apenas se for possível**

provar a existência desse princípio em nosso pensamento e sua aplicação nas ciências que lidam com a conduta humana, [...]". [Sem grifo no original] (KELSEN, 1998a, p. 324). Tal desatenção também não verá que Kelsen (1998a, 1998b, 1998c, 1971) não explica o que ele quer dizer com conduta humana, assumindo que seu leitor eventualmente saiba[39].

Desde logo, deve-se igualmente observar a distância a que se coloca Kelsen dos paradigmas de Ernst Mach e do Círculo de Viena.

Para Mach (1919), a ciência precisa substituir a experiência por ideias visando a economia de pensamento, mas Hans Kelsen se limitou a substituir ideias por ideias com suas suposições não verificadas. Essas suposições não são mais do que hipóteses, isso é, ideias que não provêm de fatos e fogem não só da proposição empírica de Mach como também do propósito do Círculo, que rejeitara tanto hipóteses quanto meras explicações (GORTON, 2006) e exigiam o respeito ao verificacionismo[40] delas (CHAPMAN, 2008).

Se não bastasse, além da seleção que fez sobre as criações do Círculo, uma vez mais se vê que esse jurista foi seletivo: uma parte do projeto machiano foi seguida, outra não; e ele não trouxe nenhuma justificativa para essas escolhas, nem deu qualquer satisfação. Nesse sentido, Jabloner (1998, p. 374, tradução do autor) confirma:

---

39 Esse ponto é especialmente importante, porque no contra-argumento que segue há um conceito de comportamento.

40 Segundo Chapman (2008, p. 10, tradução do autor), "O 'princípio da verificação', como ele se tornou conhecido, é o princípio mais intimamente associado ao Círculo de Viena. Ele tem a ver principalmente com o a segurança do conhecimento.[...]". A forma como o Círculo coloca esse princípio não foge a ideia de seu precursor (NEURATH, 1973; HAHN; NEURATH; CARNAP, 1986), Ernst Mach (1919, p. 490, tradução do autor), como já instruído: "[...] **constantemente à espera de confirmação, constantemente esperando o inverso**" [Sem grifo no original]. Assim, não há que se discriminar mais, podendo, para os fins que este trabalho adotou, permanecer-se apenas com a dicção do precursor e, por coesão textual, usar outro nome para designar essa ideia primordial.

A originalidade de Kelsen encontra-se no fato de que ele recorreu aos modelos teóricos já desenvolvidos na Filosofia e os usou para fundar sua ciência legal. De fato, Kelsen, com seu forte interesse cognitivo em fundar essa ciência, **apropriou-se [sic] dos elementos da Filosofia e da ciência legal que pareceram úteis a ele**. [Sem grifo no original]

Acaso se pudesse conceber que essa seletividade é a busca de Kelsen pela Ciência para cumprir a premissa de Mach – de que os ramos científicos devem atualizar os demais pelo processo de economia de pensamento – ou que ele não entendeu Mach, é forçoso o reconhecimento de que a situação não se amolda a quaisquer desses casos.

Como Jabloner ajudou a perceber, ao escolher os modelos teóricos, Kelsen não está fazendo uma interpretação errada, mas sim distorcendo a filosofia de um autor para que ela seja uma justificativa para sua Ciência do Direito. Em suma, ele deliberadamente não quer questionar a experiência do Direito, como ele a conhecia, mas só encontrar ideias científico-filosóficas que a expliquem, em total divergência com Mach (1919), que tem toda a sua produção intelectual fundamentada na crítica histórica e, acima de tudo, na afirmação de que ideias explicam a experiência, mas é a experiência quem adapta as ideias, quem as ajusta e as corrige.

Diante dessas conclusões e após essas comparações, é possível compreender plenamente os dizeres de Kelsen sobre a cientificidade do Direito e saber que, dentre todas as críticas possíveis, a imputação e/ou retribuição desse autor mostrar-se-á frágil se atacada com provas científicas, ou seja, revisitando-se Mach e o seu empirismo sem distorcê-lo, procurando a experiência que conserte as ideias.

Então, para realizar uma crítica inovadora, é preciso contrastar Kelsen com algum autor que, cumprindo a filosofia de Mach, tenha dissertado sobre o comportamento humano e feito experimentos científicos para comprovar o que quer que dissesse, a fim de exatamente substituir a experiência por ideias científicas.

A crítica deve, pois, dar os passos que Kelsen não deu para fundar seu Direito, e, dentre os descendentes filosóficos de Ernst Mach (FULGENCIO, 2000), quem os deu foi B. F. Skinner.

CAPÍTULO 4
O BEHAVIORISMO RADICAL DE B. F. SKINNER

Burrhus Frederic Skinner (1909-1990) foi um psicólogo norte-americano que se tornou conhecido por estruturar a filosofia intitulada Behaviorismo Radical e a ciência nomeada Análise do Comportamento. Suas pesquisas e experimentos científicos devem ser estudados, porque, como se verá, ele e Kelsen estão em paralelo quanto às técnicas para o controle do comportamento humano, dentro do mesmo referencial teórico e da mesma ideia de determinação[41].

Para expor isso, é imprescindível que se descrevam os feitos de Skinner, mas, para compreendê-los, o que segue versa sobre a conexão entre esse psicólogo e Ernst Mach, fornecendo uma breve narração sobre os escritos skinnerianos e trazendo a opinião desse autor sobre o estudo científico do comportamento e como tal ciência poderia controlá-lo. Os pormenores técnicos dessa ciência não serão apresentados, assim como as minúcias sobre as obras de Kelsen também não foram. Em outros termos, o embate aqui é um conflito de resultados.

---

41 "[...] A conduta dos indivíduos, tal como ela é efetivamente, é determinada por leis da natureza de acordo com o princípio da causalidade. [...]" (KELSEN, 1998b, p. XXIX). Não se pode confundir que Kelsen encara duas formas de determinação de condutas: causalidade (como a conduta é) e imputação (como ela deve ser), o que foi demonstrado na seção apropriada.

4.1 SKINNER E MACH

Como Fulgencio (2000) sugerira, B. F. Skinner foi afetado por Ernst Mach e uma grande parte dos dizeres machianos poderão ser identificados no sempre constante pronunciamento de Skinner.

Não é uma tarefa árdua esclarecer essa influência machiana, porque Skinner (1989, p. 110, tradução do autor[42]) admite categoricamente que, embora pudesse ter se aventurado pelas ideias do Círculo de Viena, preferiu adotar Mach como referencial:

> Como Smith demonstra, no entanto, **meu débito era com o empirismo de Ernst Mach**. Se, por um lado, puder se dizer que o positivismo lógico começou com a primeira edição de *Erkenntnis* [Conhecimento], eu estava distante o suficiente em minha carreira para me tornar um assinante dessa revista, como de fato eu estava distante de assinar sua equivalente americana, a *Philosophy of Science* [Filosofia da Ciência]. [Sem negrito no original, itálico do autor]

---

42 Também é possível traduzir uma parte dessa citação como "[...] eu progredi o suficiente em minha carreira para [não] concordar com essa filosofia, como de fato eu discordei de sua equivalente americana [...]". A expressão usada por Skinner, "to become a charter subscriber", tanto significa "assinar embaixo" (no sentido de concordância ou literalmente assinar um documento que fundará ou constituirá algo) como "assinante de revista". A tradução mais literal foi a escolhida para aqui figurar, considerando que Erkenntnis foi uma revista de divulgação filosófica assim como Philosophy of Science ainda é. Por outro lado, Anita Liberalesso Neri (SKINNER, 1995), tradutora de Skinner (1989), traduziu o mesmo trecho como: "[...] eu progredi o suficiente em minha carreira para garantir para mim mesmo o privilégio de ser o equivalente americano de seu *Philosophy of Science*" [grifo do autor] (SKINNER, 1995, p. 140), o que é um equívoco, já que Ernst Mach não escreveu nenhum livro chamado ou traduzível para Philosophy of Science (POJMAN, 2010; MAX PLANCK INSTITUTE FOR THE HISTORY OF SCIENCE, 2010; WEBER, 2010).

E mais, ele (1995, p. 150) afirma expressamente que seguiu "[...] **uma linha estritamente machiana** [...]" [Sem grifo no original]. Contudo, há uma explicação para essa adoção. Skinner informa que o Círculo de Viena demorou para repercutir nos Estados Unidos e daí afetar sua obra, porque ela já estava impregnada pelo pensamento de Mach. Se não bastasse, ele já havia ido muito além em sua carreira para que essa repercussão ocorresse, pelo que era impossível que tais vienenses o influenciassem:

> Como mostrou Laurence Smith (1987), o positivismo lógico **veio muito tarde** para influenciar Tolman, Hull ou a **mim** [B. F. Skinner], de qualquer maneira marcante, mas isso era largamente devido a uma figura anterior, **Ernst Mach. Minha tese de doutorado já consignava meu débito a *The Science of Mechanics* de Mach** (1915) [...]. [Sem negrito no original, itálico do autor] (SKINNER, 1995, p. 164-165)

Se não fosse suficiente, a filosofia machiana permeia esse psicólogo (1995, p. 86) que, em pelo menos uma oportunidade, reconhece a prestígio de Mach na Filosofia da Ciência:

> Os novos desenvolvimentos no âmbito da **filosofia da ciência** foram igualmente importantes. Os conceitos começaram a ser mais cuidadosamente definidos em termos das operações das quais eram inferidos. **Ernst Mach, especialmente por seu Science of Mechanics (1915), foi uma figura importante.** [Sem grifo no original]

Pelo visto, com a constatação dessa descendência filosófica, já que Skinner atestou seu cumprimento à filosofia de Mach e lhe prestou generosas homenagens, não será custoso avaliar como ele seguiu esse fundamento filosófico e, portanto, compreender o discurso sobre os desenvolvimentos desse cientista.

Por consequência, para complementar as informações necessárias para uma interpretação correta, há que se conhecer alguns detalhes sobre B. F. Skinner e as falas daqueles que dele discordaram.

4.2 A OBRA DE B. F. SKINNER

Skinner é um cientista de singular valor para a Psicologia, mas seu discurso jamais se restringira aos assuntos psicológicos. Tendo como objetivo a realização de um novo confronto à Ciência do Direito, é preciso descrever esses assuntos que transcenderam as bordas daquela ciência. Ver-se-á que, como Kelsen, B. F. Skinner está preocupado com o comportamento humano, contudo, de um modo peculiar.

Apresentando esse psicólogo, Cunha e Verneque (2004, p. 94) detalham sua relevância:

A imensa contribuição de **B. F. Skinner** à **Ciência** em Geral, à **Psicologia**, aos Educadores, à **Sociedade** e à **Cultura** é notória e inquestionável. O legado que Skinner nos deixou é **notável**. A sua profícua obra, de 1930 até 1990 (ano de sua morte), ou seja, 60 anos de produção científica contínua, engloba centenas de artigos e vários livros publicados e ainda, palestras, conferências, aulas, seminários, formação de pesquisadores, entrevistas, anos de pesquisas em laboratórios, durante os sete dias da semana. Esse legado que herdamos muito tem a contribuir para o desenvolvimento da **ciência do comportamento**, que tem demonstrado ser **um caminho para permitir um futuro melhor do mundo e da humanidade.** [Sem grifo no original]

Resta inteligível, pois, que a notável produção intelectual de Skinner é sobre o comportamento humano, porém, o que é essa ciência que ele desenvolveu e que pode ser um futuro para a humanidade? Cunha e Verneque (2004, p. 93) respondem:

> Sem nenhuma dúvida, Skinner foi um dos mais influentes psicólogos do século XX, ou seja, da psicologia científica moderna. [Ele] Estabeleceu as bases metodológicas para o **estudo científico** do comportamento de organismos não humanos, em laboratório, **sem perder de vista o comportamento humano**, seja ele simples ou complexo, do indivíduo só ou em grupo, enfim, de **todas as possibilidades da ação humana**. Skinner desenvolveu também instrumentos básicos para o estudo sistemático das **relações comportamentais do organismo com o seu meio ambiente**. Nesse sentido, uma metodologia foi desenvolvida e denominada de **Análise Experimental do Comportamento**. [Sem grifo no original]

Portanto, B. F. Skinner investigara, em todas as vertentes, os comportamentos de organismos humanos e não-humanos com sua ciência, chamada de Análise do Comportamento, que estuda sistematicamente as relações comportamentais desses organismos com o seu meio ambiente, isso é, relações dependentes de tudo aquilo que seja externo ao organismo (SKINNER, 2006, 2003, 2000, 1999, 1995, 1989, 1987, 1978; FERSTER; SKINNER, 1957). Esse ponto sobre Skinner, para Cunha e Verneque (2004, p. 93), é complementado com pormenores sobre o modo segundo o qual essa ciência examina o comportamento:

> [...] [Skinner] Tratou o **comportamento** como um **evento natural**, com regularidade e passível de ser **estudado cientificamente** e, com seu modelo de ciência, estudou o comportamento dos organismos, preocupado principalmente com o **comportamento humano**, interessado em identificar **as variáveis das quais o comportamento é função**. [Sem grifo no original]

O que encontra amparo nesse próprio autor:

Eu divergi tanto de Tolman quanto de Hull, por seguir uma linha estritamente machiana, na qual o comportamento era analisado como objeto de estudo em si mesmo e como função de variáveis ambientais, sem referência à mente ou ao sistema nervoso. [Sem grifo no original] (SKINNER, 1995, p. 150)

Eis que, em Skinner, a inquietação científica é identificar o que se deve modificar no ambiente para que o comportamento humano também se modifique, ou seja, como o comportamento do organismo pode ser controlado e previsto:

Estamos interessados, então, nas **causas do comportamento humano**. Queremos saber **por que os homens se comportam da maneira como o fazem**. Qualquer **condição** ou **evento** que tenha algum efeito demonstrável sobre o comportamento deve ser considerado. Descobrindo e analisando estas causas poderemos **prever o comportamento**; poderemos **controlar** o comportamento na medida que o possamos manipular. [Sem grifo no origina] (SKINNER, 2003, p. 24)

Como se percebe, esse autor desejara encontrar o que seria capaz de controlar o comportamento do homem. Para isso, ele rejeitara qualquer referência a mente, sistema nervoso ou demais elementos metafísicos como causas da quais o comportamento fosse o efeito, em moldes que Ernst Mach já havia sugerido em suas contribuições à Psicologia. Nesse sentido, também entende Baum (1999) e concorda Skinner (1995).

Na ciência de Skinner, a aversão à mente como causadora do comportamento foi chamada de mentalismo para salientar que era uma ficção explanatória (SKINNER, 2006, 2003, 2000, 1999, 1995, 1989, 1987, 1978; FERSTER; SKINNER, 1957; BAUM, 1999). Isso se deve, como visto, à influência de Mach, pela aversão que esse físico tinha à metafísica, concebida como uma falsa explicação e instrumento desprovido de economia de pensamento. É se conformar a essas publicações machianas – mas ir também além delas – que Skinner está desconsiderando à mente: tudo o que, diante da experiência, seja inútil para controlar a conduta dos organismos deve ser descartado como sua explicação. Nesse sentido, Cunha e Verneque (2004, p. 94) suportam essa conclusão:

> Foi inovador e muito contribuiu para a Ciência, defendendo a extensão dos métodos científicos ao campo do comportamento humano, que muitas vezes lhe fora negado, devido às práticas seculares de explicação explanatórias e fictícias, desprovidas de características científicas e lógicas. Skinner foi contundente em se opor ao emprego de entidades mentais como variáveis explicativas do comportamento; [...]. [Sem grifo no original] (CUNHA; VERNEQUE, 2004, p. 94)

Entretanto, Skinner afirma que não só a mente é desprezada, como também qualquer propriedade duvidosa que se suponha existir no comportamento humano. Ele (2003, p. 38) reafirma a necessidade da pesquisa científica das ações humanas, tidas como objetos tais como os das ciências naturais, e, logo, em nada diferentes daqueles submetidos às pesquisas feitas por essas ciências:

> Isto [a busca de variáveis que afetem o comportamento] deve ser feito dentro das fronteiras de uma ciência natural. **Não é lícito presumir** que o comportamento tenha **propriedades particulares** que requeiram **métodos únicos** ou uma **espécie particular de conhecimento**. [...]. [Sem grifo no original]

De imediato já se percebe um contraste com Kelsen, que pregava, com sua hipótese de imputação, o Direito como uma espécie particular de conhecimento sobre a conduta humana. Todavia, esse é um assunto para mais adiante neste trabalho.

Como não obstante, a repercussão de Mach nas pesquisas de Skinner vai além desses pontos, porque, como Cunha e Verneque (2004, p. 94) denotam, esse psicólogo escrevera uma explicação sobre todas as experiências que fizera em sua Análise do Comportamento, condensada por uma filosofia que ele batizara como Behaviorismo Radical:

> A ciência do comportamento que Skinner propôs não estaria completa se não tivesse uma base filosófica. Para tanto, ele sistematizou as bases epistemológicas e filosóficas dessa ciência sob a denominação de Behaviorismo Radical, que está, principalmente, apresentada no livro *About Behaviorism* [Sobre o Behaviorismo], publicado em 1974. [Grifo das autoras]

Cunha e Verneque não estão distantes do que Skinner (2006, p. 7) diz para explicar tal base filosófica, o que também corrobora as conclusões anteriores de que esse cientista da Psicologia quer encontrar o modo como uma análise científica pode ser feita:

> O **Behaviorismo** [Radical] **não** é a ciência do comportamento humano, mas, sim, a **filosofia** dessa ciência. Algumas das questões que ele propõe são: É **possível** tal ciência? Pode ela **explicar** cada aspecto do comportamento humano? Que **métodos** pode empregar? São suas leis tão válidas quanto as da **Física e da Biologia**? [...]. [Sem grifo no original]

Definitivamente, Skinner estava empenhado em descobrir as ideias que explicariam a conduta humana, contudo, por sua leitura de Ernst Mach, ele também sabia que precisaria pesquisar cientificamente a experiência para adaptar tais ideias e, portanto, descobrir algum fato não percebido no cotidiano vivenciado pela humanidade nos últimos séculos. Se ele não fizesse isso, como seu doutrinador austríaco já avisara, ele cometeria um erro.

Para não cometer esse erro, ele duvidou das explicações, ou seja, das ideias que já existiam, como se pode ver nestes trechos: "[...] É possível fazer generalizações plausíveis sobre a conduta das pessoas em geral. Mas poucas destas generalizações **sobreviverão a uma análise** [científica] **cuidadosa.** [...]" [Sem grifo no original] (SKINNER, 2003, p. 15); e: "[...] Tão forte é o ímpeto de explicar o comportamento, que os homens têm sido levados a **antecipar** o **inquérito científico** construindo **teorias de causação** altamente **improváveis.** [...]" [Sem grifo no original] (SKINNER, 2003, p. 25).

Está demonstrado que o autor em discussão, por seu prosseguimento da filosofia machiana, era cético quanto às explanações que rodeavam a comunidade de psicólogos de sua época e abominara peculiarmente o que ele chamava de "[...] teorias de causação altamente improváveis [...]" (SKINNER, 2003, p. 25), ou seja, as falsas explicações.

Desse modo, esse psicólogo experimental passou a desafiar essas concepções. Todavia, ao desafiar o que era intensamente familiar e amplamente aceito pela sociedade científica na qual estava inserido, esse psicólogo foi severamente criticado, também sendo vítima de muitas incompreensões, em geral equivocadas (SKINNER, 2006, 2003, 2000, 1999, 1995, 1989, 1987, 1978; BAUM, 1999):

> [...] É na categoria "**equívocos**", porém, que se concentra a **maior parte das críticas dirigidas ao behaviorismo** [de Skinner], críticas com as quais nos deparamos no nosso cotidiano atualmente, seja como estudantes, seja como professores e profissionais da área de educação e mesmo psicologia. [Sem grifo no original] (RODRIGUES, 2006, p. 143)

Aliás, o próprio Skinner (2006) buscou combater parte das incompreensões equivocadas de sua teoria, na medida em que em 1974 ele publica o livro "*About Behaviorism*", cuja introdução traz uma compilação de 20 críticas frequentes à Análise do Comportamento. Não obstante, ele mesmo as classifica como equivocadas e compromete-se a respondê-las apropriadamente nesse livro. Como Rodrigues (2006) conclui, algumas das críticas parecem ter permanecido, por simples repetição irrefletida e/ou persistente desinformação dos críticos.

No que concerne a tais impropérios, Rodrigues (2006) descreve uma pesquisa a respeito de rótulos e preconceitos na apresentação de Skinner que resume muitas dessas críticas. Rodrigues (2006, p. 143-144), sobre essa pesquisa, revela taxativamente não só o problema com os rótulos, como também com aquelas incompreensões antecipadas, comuns antes de qualquer lição adequada sobre esse cientista norte-americano:

> WOOLFOLK, WOOLFOLK e WILSON (1977) realizaram dois experimentos, que procuraram identificar e classificar vieses e tendenciosidades de estudantes em relação à **modificação do comportamento**. Dois grupos de estudantes da área de educação analisaram um **vídeo** em que um **professor** usava **métodos de reforçamento** em uma classe. O **1º grupo <u>foi informado</u> de que o vídeo ilustrava modificação do comportamento** e para o **2º grupo, o vídeo <u>foi apresentado</u> como representativo de educação humanística** (rogeriana[43]). Os estudantes avaliaram mais **favoravelmente** o professor e os seus métodos no **segundo caso** e, portanto, mais **desfavoravelmente** no **primeiro**. Este estudo evidencia **o poder do rótulo influenciando a percepção de estudantes sobre análise do comportamento** [...]. Aqui evidencia-se que, para os autores, seria o poder do **rótulo associado a uma imagem negativa** que **contaminaria** a percepção dos estudantes [sobre Skinner]. [Sem grifo no original]

Sabendo-se isso, para sintetizar toda essa exibição sobre Skinner sem incompreensões, pode-se recorrer à Rodrigues (2006, p. 148):

---

43 Carl Rogers foi um contemporâneo de Skinner que atacara suas proposições. Para esse crítico, Skinner dedicou-lhe numerosas contra-argumentações (SKINNER, 2006, 2003, 2000, 1999, 1995, 1989, 1987, 1978). Especialmente: (SKINNER, 1978).

O **behaviorismo radical** é definido por Skinner como uma **filosofia da ciência do comportamento**, cuja estratégia de investigação é a **Análise Experimental do Comportamento** (ou AEC). A Análise do Comportamento propriamente dita seria o corpo conceitual derivado da Análise Experimental do Comportamento e do Behaviorismo Radical. Da Análise do Comportamento [ou seja, da soma entre a filosofia e a ciência de Skinner,] derivam-se as aplicações ou recursos tecnológicos que se destinam à intervenção em **problemas práticos de comportamento**. É certo que a concepção de ciência em que o behaviorismo radical se baseia, com relativo consenso, é a de uma **ciência natural**. Neste sentido, os pressupostos orientadores da produção de conhecimento e de intervenção são os de uma ciência natural, com definição de variáveis, **valorização da experimentação** e validade da intervenção. [Sem grifo no original]

O conceito de Rodrigues auxilia, porém não menciona a finalidade maior da produção intelectual de Skinner (2006, 2003, 2000, 1999, 1995, 1989, 1987, 1978), que é resolver os problemas que assolam a humanidade sem usar os métodos ou explicações que estavam distantes dessa meta:

[...] **Os maiores problemas** enfrentados hoje pelo mundo só poderão ser **resolvidos** se melhorarmos nossa **compreensão do comportamento humano**. As concepções tradicionais têm estado em cena há séculos e creio ser justo dizer que **se revelaram inadequadas**. São, em grande parte, responsáveis pela situação em que nos encontramos hoje. [...]. [Sem grifo no original] (SKINNER, 2006, p. 11)

A síntese de Rodrigues (2006) também não diz a profundidade com que Skinner (2003, p. 45) pretende enfrentar as questões sobre o comportamento humano:

Este plano [de estudar cientificamente o comportamento] **não pode** ser levado a efeito em um **nível superficial**. O engenheiro que constrói uma ponte com sucesso **deve ter** mais que uma **impressão casual da natureza de seus materiais**, e tempo virá em que será preciso admitir que **não é possível resolver problemas importantes nos assuntos humanos** com uma "filosofia geral do comportamento humano". A presente análise [do comportamento] requer atenção considerável aos **pormenores**. [Sem grifo no original]

E são esses pormenores e os resultados do intento de Skinner que precisam ser descritos e divulgados, como ele (2006, p. 10) ensina:

Infelizmente, fora do grupo de especialistas, muito pouco se conhece acerca dessa análise [científica do comportamento humano]. Seus investigadores mais ativos, e há centenas deles, raramente fazem qualquer esforço para explicar seus resultados àqueles que não são especialistas. [...]. [Sem grifo no original]

Por essa razão, há que se aprofundar no exame dos resultados que a ciência e a filosofia de Skinner conseguiram para, controlando o comportamento humano, resolver os males que afligem os próprios seres humanos. Essas contribuições científicas serão averiguadas e, como se verá, elas são frontalmente contrárias aos anseios de Kelsen. Entretanto, não se entrará em especificações técnicas, como avisado.

4.3 CAUSALIDADE: POR UMA CIÊNCIA DO COMPORTAMENTO

A partir de Ernst Mach, cuja produção continha importantes contribuições para a Psicologia e para a Filosofia da Ciência, a pesquisa científica de Skinner passa a analisar como efetivamente o comportamento de qualquer organismo vivo pode ser controlado, evitando-se as ficções e as hipóteses que estejam em contradição com a realidade, pois não permitem uma substituição correta da experiência. Duvidando das concepções de sua época, especialmente das ciências que se importam com a sociedade, sua pesquisa encontrou fatos que até então jamais haviam sido percebidos pela comunidade científica e produziu uma ideia nova sobre a conduta humana.

Com a base machiana desde seus tempos como estudante em Harvard, nos Estados Unidos (SKINNER, 1995, 1978, 1999), Skinner passou a trabalhar com a proposta de uma ciência encarando a questão da causalidade:

> A ciência é mais que a mera descrição dos acontecimentos à medida que ocorrem. É uma tentativa de **descobrir ordem**, de mostrar que certos acontecimentos estão **ordenadamente relacionados com os outros**. Nenhuma tecnologia prática pode basear-se na ciência até que estas relações tenham sido descobertas. Mas a ordem não é somente um produto final possível; é uma **concepção de trabalho que deve ser adotada desde o princípio**. Não se podem aplicar os métodos da ciência em assunto que se presume ditado pelo capricho. **A ciência não só descreve, ela prevê. Trata não só do passado, mas também do futuro.** Nem é previsão sua última palavra: desde que as condições relevantes possam ser alteradas, ou de algum modo **controladas**, o futuro pode ser manipulado. [...]. [Sem grifo no original] (SKINNER, 2003, p. 7)

Para ele, descobrir a ordem entre os eventos era a meta principal da ciência, de modo que tais eventos pudessem ser modificados e, assim, qualquer acontecimento poderia ser controlado ou previsto. Além disso, ele entendia que nada científico poderia surgir do que não tivesse uma ordem causal para ser estudada, nem qualquer instrumento prático poderia ser criado para mudar o futuro enquanto não se compreendesse a ordem a qual se submete uma atividade.

A partir disso, a perspectiva do comportamento determinado era o ponto fundamental para se erigir uma ciência:

> [...] Se vamos usar os métodos da ciência no campo dos assuntos humanos, devemos pressupor que o comportamento é ordenado e determinado. Devemos esperar descobrir que o que o homem faz é o resultado de condições que podem ser especificadas e que, uma vez determinadas, poderemos antecipar e até certo ponto determinar as ações. [Sem grifo no original] (SKINNER, 2003, p. 7)

Assim, Skinner verifica que, para propor uma ciência do comportamento, a hipótese de ordem e determinação sobre a conduta deveria ser testada e, se confirmada, o resultado permitiria identificar as condições que, se alteradas, resultariam na capacidade de manipulação de situações futuras. Resumida e simploriamente, uma ciência do comportamento proporcionaria o conhecimento sobre o que mudar agora para, por exemplo, modificar o futuro da humanidade.

Para que essa causalidade do comportamento fosse encontrada, Skinner (2003, p. 24) a reformulou à sua maneira, o que não deixou de ser o que Mach já discutira sobre essa ordem de acontecimentos:

> Os termos "**causa**" e "**efeito**" já não são usados em larga escala na ciência. Têm sido associados a tantas teorias da estrutura e do funcionamento do universo que **já significam mais do que os cientistas querem dizer. Os termos que os substituem, contudo, referem-se ao mesmo núcleo fatual**. Uma "**causa**" vem a ser uma "mudança em uma variável **independente**" e um "**efeito**", uma "mudança em uma variável **dependente**". A **antiga "relação de causa e efeito"** transforma-se em uma "**relação funcional**". Os novos termos não sugerem como uma causa produz o seu efeito, meramente afirmam que **eventos diferentes tendem a ocorrer ao mesmo tempo**, em uma certa **ordem**. Isto é importante, mas não é decisivo. **Não** há especial **perigo** no uso de "causa" e "efeito" em uma discussão informal

se estivermos sempre prontos a substituí-los por suas contrapartidas mais exatas. [Sem grifo no original]

Então, ao se evidenciar a relação funcional do comportamento, ou seja, a sua causalidade, a premissa da ciência que ele propusera estaria confirmada. Mas, por onde ele começaria essa investigação?

Como Skinner (2006, 2003, 2000, 1999, 1995, 1989, 1987, 1978; BAUM, 1999) coloca[44], as principais teorias explicativas do comportamento trilhavam o caminho de uma busca de variáveis independentes[45] altamente improváveis e que se mostraram pouco úteis para controlar o comportamento. Ao serem expostas ao método científico, essas variáveis não conseguiam produzir nenhuma modificação nas respectivas variáveis dependentes[46]. Esse era o problema da mente, da interpretação, do juízo de valor e, de modo em geral, todas as ciências sociais e todos os outros métodos. No que concerne às ciências sociais, Skinner (2003, p. 8-9) declara expressamente que:

> [...] diz-se algumas vezes que as **ciências sociais** são **fundamentalmente** diferentes das **ciências sociais**, e **não se** ocupam das mesmas **espécies de leis**. A previsão e o controle podem ser negados em favor da "interpretação" ou **alguma outra espécie de compreensão**. Não obstante, as espécies de atividades intelectuais exemplificadas por juízos de valor, ou por intuição, ou por interpretação, [ou qualquer coisa,] **nunca foram propostas claramente**, **nem** mostraram **capacidade** alguma de trabalhar na **modificação de nossa condição presente**. [Sem grifo no original]

Nenhum dos métodos até então analisados pelas ciências, especialmente as sociais, conseguiram controlar, por si só, aquilo que

---

44 Há um detalhamento melhor disso na subseção precedente.

45 Causas.

46 Efeitos.

pretendiam. Por outro lado, em sua contribuição à Psicologia, Mach (1919) já apontara que a experiência externa era capaz de modificações internas, ou seja, as sensações aos estímulos externos eram capazes de afetar o interior de um organismo. Algo ainda despercebido, pois, poderia estar nessas relações funcionais que começavam de fora, por assim dizer, do ser humano.

Como Skinner (2006, 2003, 2000, 1999, 1995, 1989, 1987, 1978; BAUM, 1999) diz, uma série de experimentos foram realizados pelos poucos psicólogos que se interessaram por esses fatos externos, capazes de afetar a percepção dos seres vivos, mas todos eles não conseguiram dar mais do que alguns passos nessa investigação, embora suficientes para colocar nestes termos, os quais foram seguidos pela Análise do Comportamento:

> As variáveis externas, das quais o comportamento é função, dão margem ao que pode ser chamado de análise causal ou funcional. Tentamos prever e controlar o comportamento de um organismo individual. Esta é a nossa "variável dependente" - o efeito para o qual procuramos a causa. Nossas "variáveis independentes" - as causas do comportamento – são as condições externas das quais o comportamento é função. Relações entre as duas – as "relações de causa e efeito" no comportamento – são as leis de uma ciência [do comportamento]. [...]. [Sem grifo no original] (SKINNER, 2003, p. 38)

E o objeto de estudo dessa investigação pôde ser conceituado como:

> **Comportamento** (1) Em sentido amplo, é qualquer atividade do organismo; De modo particular, é qualquer atividade que altere a posição do organismo ou qualquer parte dele no espaço. [...]. (FERSTER; SKINNER, 1957, p. 723, tradução do autor)

Vários foram os psicólogos que estudaram o comportamento dessa forma, todavia é só com seus numerosos experimentos (SKINNER, 2006, 2003, 2000, 1999, 1995, 1989, 1987, 1978; FERSTER; SKINNER, 1957; BAUM, 1999) que Skinner consegue provar satisfatoriamente sua afirmação:

> Quando um organismo [humano] **age no ambiente** em que vive, ele **modifica esse ambiente** de tal modo que frequentemente afeta a si mesmo. Algumas dessas modificações são o que o leigo chama de **recompensas**, ou o que passa a ser tecnicamente chamado de **reforços**: quando eles acontecem após o comportamento, eles **aumentam a probabilidade de o organismo se comportar da mesma forma de novo**. [...]. [Sem grifo no original] (FERSTER; SKINNER, 1957, p. 1, tradução do autor)

Um dos resultados mais relevantes a este trabalho que uma Análise do Comportamento proporciona é, pois, a descoberta de que é a consequência recompensadora – que se segue após um comportamento – a variável independente[47] que aumenta a probabilidade do ser humano agir. É ela quem provoca uma modificação na variável dependente[48]. Em outras expressões, só se age ou deixa de se agir por causa do reforço que se segue ao seu comportamento.

Vê-se que, para Skinner (2006, 2003, 2000, 1999, 1995, 1989, 1987, 1978; FERSTER; SKINNER, 1957; BAUM, 1999), o nome Recompensa não é correto para se referir a esse fenômeno, porque quando essa consequência segue ao comportamento ela reforça a probabilidade que ocorra novamente, pelo que a palavra que melhor substitui essa experiência é Reforço, já que denota esse aumento. Existe também uma outra razão para o termo Recompensa ser incorreto: não é necessário dar alguma coisa ao organismo para que haja esse aumento de probabilidade. O aumento pode

---

47 Causa.

48 Efeito, que é a mudança de comportamento.

acontecer, por exemplo, ao se retirar do ambiente algo que cause aversão no organismo. Isso será melhor explicado adiante.

As evidências para tal afirmação são conhecidas: acaso se impeça a consequência reforçadora de ocorrer após o comportamento de um organismo, a probabilidade de que ele aja novamente diminui; se a consequência ocorre, essa probabilidade aumenta (SKINNER, 2006, 2003, 2000, 1999, 1995, 1989, 1987, 1978; FERSTER; SKINNER, 1957; BAUM, 1999).

Essas evidências, conseguidas por várias pesquisas ao longo dos 60 anos de carreira científica de Skinner, podem ser compreendidas e simplificadas na seguinte ilustração. Assim começa o exemplo:

> No início dos anos 1950, dois de meus alunos me procuraram com um problema. Eles possuíam várias boas peças de arte moderna, com as quais haviam decorado seus quartos, mas no momento estavam às voltas com um novo companheiro de quarto que queria colocar uma bandeira de Harvard na parede e troféus esportivos na cornija da lareira. Isso destruiria a atmosfera do ambiente criado pelos dois. Será que eu via alguma razão pela qual eles não deviam **usar algumas das técnicas que eu havia descrito em meu curso** para **ensinar seu companheiro de quarto a apreciar arte moderna**? Eu lhes disse que não tinha nenhuma objeção, contanto que eles concordassem em mais tarde contar para o companheiro o que havia ocorrido. [Sem grifo no original] (SKINNER, 1995, p. 139)

Para modificar o comportamento do companheiro de quarto, os alunos de Skinner começaram a pôr em prática o que aprenderam[49]. Para se perceber o instante em que o conhecimento skinneriano atua para permitir

---

49 Outras técnicas desenvolvidas pela Análise do Comportamento estão sendo utilizadas, mas a especificação delas tornaria a exposição desta monografia longa e distante de seu objetivo.

a modificação do comportamento, os trechos em que isso ocorre foram grifados:

> Eles começaram a dar pouca ou nenhuma atenção ao amigo, a menos que ele perguntasse sobre suas pinturas ou esculturas. Deram uma festa e convidaram uma moça atraente, pedindo a ela que lhe perguntasse sobre os objetos de arte e que se mostrasse embevecida com tudo o que dissesse. Enviaram seu nome para galerias de Boston, e ele começou a receber propagandas de shows. Um mês mais tarde, eles relataram algum progresso: o companheiro os convidou para ir com ele ao museu de artes de Boston. Eles foram e, quando o viram observando um quadro que parecia apreciar muito, deixaram cair uma nota de cinco dólares no chão. Ele olhou para baixo e encontrou o dinheiro. Antes que se passasse um mês, eles vieram me mostrar a primeira pintura moderna feita pelo seu colega de quarto! [Sem grifo no original] (SKINNER, 1995, p. 139-140)

Então, os alunos de Skinner propiciaram que os comportamentos de seu colega de quarto – no sentido expressar interesse por arte – fossem reforçados[50]: primeiro, eles só reforçaram o colega com atenção se ele perguntasse sobre as obras de arte; depois, arranjaram uma situação para que uma bela moça perguntasse ao colega sobre arte e o reforçasse com sua atração; e, por fim, em uma exposição de arte, o reforçaram com dinheiro.

O resultado da aplicação da técnica, nesse exemplo, foi este:

> [Anos depois...] Recentemente eu soube que um dos estudantes estava residindo em Nova Iorque e telefonei-lhe para saber como ia indo o projeto. [...]. O que aconteceu com o amigo? Ele não tinha muita certeza, mas **pensava tê-lo visto recentemente visitando o museu de arte moderna**! [...]. [Sem grifo no original] (SKINNER, 1995, p. 140)

---

50 Isso é, que fossem seguidos de recompensas.

Não obstante, a conclusão de que o reforço[51] é o que de fato modifica a probabilidade de uma pessoa se comportar não é a única nos trabalhos de Skinner (2006, 2003, 2000, 1999, 1995, 1989, 1987, 1978; FERSTER; SKINNER, 1957; BAUM, 1999).

Esse cientista também procurou estudar os efeitos da punição de uma conduta e ele descobriu algo ainda despercebido, um fato que contrariava a explicação existente: a punição não é o contrário da recompensa para fins de controle do comportamento.

Como o Direito de Hans Kelsen é uma ordem coercitiva que usa a sanção, isso é, a punição para controlar as condutas humanas, convém expor os resultados de B. F. Skinner ao questionar essa técnica, para então discutir os pontos colidentes entre Kelsen e Skinner.

4.4 O PROBLEMA DA SANÇÃO

A inquirição científica que a Análise do Comportamento fez não só descobriu que o reforço é o que controla o comportamento, mas também que a técnica da punição é totalmente ineficiente nesse controle. Tal produto científico vai de encontro às propostas de Kelsen, e, ao final, será possível concluir como e por que o Direito desse jurista é equivocado.

Para iniciar a depuração da técnica punitiva, Skinner (2003, p. 198-199) a põe em termos semelhantes aos vistos por Hans Kelsen, embora distintos, porquanto a ótica skinneriana é fundada em análises

---

51 Recompensa, em termos leigos.

experimentais sobre o comportamento e se duvida da explicação familiar:

> A técnica de controle mais comum da vida moderna é a punição. O padrão é familiar: se alguém não se comporta como você quer, castigue-o; se uma criança tem mau comportamento, espanque-a; se o povo de um país não se comporta bem, bombardeie-o. Os sistemas legais e policiais baseiam-se em punições como multas, açoitamento, encarceramento e trabalhos forçados. O controle religioso é exercido através de penitências, ameaças de excomunhão e consignação ao fogo do inferno. A educação não abandonou inteiramente a palmatória. No contato pessoal diário controlamos através de censuras, admoestações, desaprovações ou expulsões. Em resumo, o grau em que usamos punição como uma técnica de controle parece se limitar apenas ao grau em que podemos obter o poder necessário. Tudo isso é feito com a intenção de reduzir tendências de se comportar de certa maneira. O reforço estabelece essas tendências; a punição destina-se a acabar com elas. [Sem grifo no original]

Skinner (2006, 2003, 2000, 1999, 1995, 1989, 1987, 1978; BAUM, 1999) está observando que a técnica mais familiar de controle da conduta humana é a punição e que tal artifício está presente não só nos sistemas legais como igualmente em todas as tentativas de controle que o homem faz. As ideias comuns explicam que a punição é utilizada por se acreditar que ela reduza a probabilidade de que o homem se comporte da mesma maneira novamente. Kelsen (1998a, 1998b, 1998c, 1971; COELHO, 2001; JABLONER, 1998) concorda, pois, como se sabe, ele viu em variadas sociedades a adoção da sanção punitiva, que se circunscreve na retribuição/imputação, como metodologia de controle.

Ocorre que, diante do Behaviorismo Radical e da Análise do Comportamento, essa situação é vista da seguinte forma. Inicialmente a respeito da ética, mas, como Kelsen (1998a, 1998b, 1998c, 1971; COELHO, 2001; JABLONER, 1998) e Skinner (2006, 2003, 2000, 1999, 1995, 1989, 1987, 1978; BAUM, 1999) concordariam, existente em quaisquer sistemas de controle de uma sociedade, em especial no Direito, um sistema legal:

> Pessoas vivendo juntas em grupos passam a **controlar uns aos outros** com uma **técnica** a qual não é inapropriadamente chamada de "ética". Quando um indivíduo se comporta de uma maneira **aceitável** para o grupo, ele **recebe admiração, aprovação, carinho**, e muitos outros **reforços** que **aumentam a probabilidade** de que ele **continuará** a se comportar dessa maneira. Quando o seu comportamento **não é aceitável**, ele é **criticado, censurado, culpado**, ou, se nada disso funcionar, ele é **punido**. No **primeiro caso**, o grupo chamará de "**boa pessoa**"; no **segundo**, "**má pessoa**". Essa prática está tão **profundamente arraigada em nossa cultura** que nós muitas vezes falhamos em ver que é uma **técnica de controle**. Ainda, nós estamos quase sempre interessados em controlar as pessoas, mesmo que os reforços e as punições sejam frequentemente sutis. [Sem grifo no original] (SKINNER, 1999, p. 27, tradução do autor)

A ciência e a filosofia de Skinner (2006, 2003, 2000, 1999, 1995, 1989, 1987, 1978; BAUM, 1999) não estão dizendo que reforços e punições são igualmente frequentes e utilizados para esse controle. Pelo contrário, "As técnicas mais comuns de controle usam a força ou a ameaça de força [...]"[52] (SKINNER, 1999, p. 19, tradução do autor) e, como visto, acredita-se que diminuem a probabilidade de um organismo se comportar de uma certa maneira. O que elas estão dizendo é que o homem conhece essas duas técnicas, mas prefere a punição.

Todavia, já se sabe que Skinner (2006, 2003, 2000, 1999, 1995, 1989, 1987, 1978; FERSTER; SKINNER, 1957; BAUM, 1999) duvidou dessas explicações comuns e realizou várias experiências para formular que é o reforço, mundanamente chamado de recompensa, quem controla o comportamento. Essas experiências também resultaram na verificação de

---

52 Como apresentado na seção correspondente, Kelsen constatou que os sistemas jurídicos e a experiência humana veem a punição como mais efetiva que qualquer outra técnica.

que a punição é ineficiente.

Para dissuadir essa crença, Skinner (2003, p. 199) levanta a questão primordial:

> Mais recentemente, levantou-se também a **suspeita** de que a **punição não faz**, de fato, **aquilo que se supõe que faça**. Um **efeito imediato** na redução de uma tendência a se comportar é bastante claro, mas isso **pode ser enganador**. A redução na freqüência **pode não ser permanente**. [...]. [Sem grifo no original]

A punição, como se percebe, tem pelo menos um efeito: ao ser aplicada em um organismo, ele tende a interromper o que estiver fazendo. Entretanto, supõe-se que tal efeito pode não ser permanente, apesar desse resultado imediato. A suspeita que se pôs é que sancionar uma conduta, pois, pode não ter qualquer efeito a longo prazo no sentido de suprimir um comportamento ou sua probabilidade de ocorrência (2006, 2003, 2000, 1999, 1995, 1989, 1987, 1978; FERSTER; SKINNER, 1957; BAUM, 1999).

Para averiguar se essa ideia está de acordo com a experiência, Skinner (2006, 2003, 2000, 1999, 1995, 1989, 1987, 1978; BAUM, 1999) propõe que se evitem quaisquer referências a causas dentro do organismo, que sejam de difícil ou até impossível obtenção. As causas devem estar no ambiente.

Ele organiza, então, o seu teste do mesmo modo que fizera para encontrar as propriedades do reforço: uma forma de registrar quantas vezes um comportamento ocorre[53]. Ao mudar algo no ambiente, se o registro

---

53 Essa forma foi chamada, por ele, de "Registro cumulativo", porque, cada vez que um comportamento ocorrer, ele será registrado cumulativamente, tendo-se ao final o total de vezes que ocorrera (2006, 2003, 2000, 1999, 1995, 1989, 1987, 1978; FERSTER; SKINNER, 1957).

indicar que o total de condutas – ou, em termos técnicos, total de respostas do organismo – aumentou, estar-se-á diante de uma variável independente que reforça a probabilidade de recorrência do comportamento (SKINNER, 2006, 2003, 2000, 1999, 1995, 1989, 1987, 1978; FERSTER; SKINNER, 1957; BAUM, 1999).

Por outro lado, se a punição for efetiva para suprimir uma conduta, o total de respostas[54] diminuirá, o que confirmará o senso comum de que tanto reforço quanto a sanção são equivalentes: um aumenta a chance de algo acontecer, o outro diminui. Porém, não foi esse o resultado do experimento, como Skinner (2003, p. 200) diz:

> [...] O **efeito da punição** foi uma **supressão temporária** do comportamento, **não** uma **redução** no número **total** de respostas [comportamentos]. Mesmo sob punição severa e prolongada, a freqüência de respostas aumentará **quando cessar a punição**, [...]. [Sem grifo no original]

Ora, a punição foi ineficiente para alterar a quantidade de vezes que a conduta acontece. Não diminuiu, o organismo só parou temporariamente de fazer o que quer que estivesse fazendo. Eis que Skinner (2003, p. 201) se pergunta: "Se a punição não é o oposto da recompensa, se não funciona subtraindo respostas [comportamentos] onde o reforço os adicionou, **o que é que faz**? [...]" [Sem grifo no original].

Skinner (2006, 2003, 2000, 1999, 1995, 1989, 1987, 1978; FERSTER; SKINNER, 1957; BAUM, 1999) foi além da mera afirmação de que a punição não colaborava com o controle do comportamento. Ele verificou que a consequência punitiva tem, ao menos, 3 efeitos concomitantes claramente identificáveis e uma série de subprodutos, nem sempre constatáveis facilmente.

---

54 Comportamentos.

O primeiro efeito, já apontado, é o imediato: ao se punir alguém, o comportamento indesejado pára de ocorrer. Não é que a resposta some, é simplesmente que o organismo em estudo passa a agir de outro modo ou sequer age – o que não deixa de ser um comportamento (SKINNER, 2006, 2003, 2000, 1999, 1995, 1989, 1987, 1978; FERSTER; SKINNER, 1957; BAUM, 1999).

O segundo efeito é a temporariedade: a frequência da ocorrência de uma conduta diminui apenas enquanto durar a punição. Quando a punição cessa, o comportamento reaparece e, acaso o reforço seja mantido, a quantidade total de vezes aumenta, como se nenhum evento aversivo tivesse afetado a conduta. Em outras palavras, ninguém deixa de fazer algo ao ser punido, senão temporariamente (SKINNER, 2006, 2003, 2000, 1999, 1995, 1989, 1987, 1978; FERSTER; SKINNER, 1957; BAUM, 1999).

O terceiro efeito é o início dos problemas que a punição, que deveria de algum modo ajudar no controle comportamental, começa a causar (SKINNER, 2006, 2003, 2000, 1999, 1995, 1989, 1987, 1978; FERSTER; SKINNER, 1957; BAUM, 1999). É, talvez, um dos mais complexos e que só pode ser entendido se for conhecido o que realmente modifica o comportamento, isso é, o reforço.

Viu-se que o reforço é o que aumenta a probabilidade de um comportamento surgir novamente. Isso pode ser chamado, por um leigo, de recompensa, contudo, a imagem normalmente associada com recompensar é dar algo, fornecer algo, apresentar algo. O termo desejado não é Reforço a toa: um outro fenômeno também aumenta a probabilidade e nem por isso se está dando algo ao ser que se quer controlar. Esse fenômeno consiste exatamente no contrário: retira-se do ambiente algo e a probabilidade aumenta (SKINNER, 2006, 2003, 2000, 1999, 1995, 1989, 1987, 1978; FERSTER; SKINNER, 1957; BAUM, 1999). Um exemplo disso é quando se ouve uma música considerada irritante: se tampar os ouvidos for suficiente para não ouvir mais o som, aumenta-se a probabilidade de tampar novamente os ouvidos para evitar esse som, quando ele ou qualquer outro som irritante estiver presente.

Com essa compreensão, Skinner (2006, 2003, 2000, 1999, 1995, 1989, 1987, 1978; FERSTER; SKINNER, 1957; BAUM, 1999) esclareceu que o reforço pode ser positivo ou negativo: será positivo quando se acrescentar algo no ambiente, será negativo quando se retirar algo do ambiente. O resultado de ambos é o mesmo: aumenta-se a probabilidade.

Tendo esse entendimento sobre reforço, pode-se assimilar que, quando a punição entra em cena, o organismo passa a sofrer consequências que, por uma questão evolutiva, ele age para evitá-las: ele pode fugir, esquivar-se, ter qualquer outra conduta ou simplesmente não fazer nada – que é fazer algo, como se sabe (SKINNER, 2006, 2003, 2000, 1999, 1995, 1989, 1987, 1978; FERSTER; SKINNER, 1957; BAUM, 1999). Um exemplo disso pode ser colocado em termos simplórios: um cão pode fugir ou se esquivar dos maus tratos que seu dono lhe inflige por comer o sapato dele, se isso for suficiente para evitar essas consequências. Poderá igualmente ficar imóvel se isso bastar. Por isso, ao ser punido, o cachorro faz alguma outra coisa, mesmo que não seja nada, e ela é reforçada com a cessação da punição.

Apesar de possivelmente ter passado despercebido, quando se pune o organismo, dois acontecimentos estão embutidos nesse ato: acrescenta-se algo no ambiente e, posteriormente, se retira. O que se acrescenta não é um reforço exatamente porque não aumenta a probabilidade, pelo contrário, faz com que o ser que se está controlando tenha outro comportamento. O problema está, de fato, quando se retira a punição, ou seja, quando ela cessa (SKINNER, 2006, 2003, 2000, 1999, 1995, 1989, 1987, 1978; FERSTER; SKINNER, 1957; BAUM, 1999).

Quando a punição cessa, ou seja, quando se retira algo do ambiente, também se reforça o comportamento, não o que foi punido, mas aquilo que o organismo passou a fazer após a sanção. Como já não há mais punição, o indivíduo volta ao seu comportamento antes punido, como se viu (SKINNER, 2006, 2003, 2000, 1999, 1995, 1989, 1987, 1978; FERSTER; SKINNER, 1957; BAUM, 1999). No exemplo do cachorro, o produto final da punição é que não se impediu o cão de comer o sapato, pois ele voltará a comê-lo, mas agora ele também fará algo se for punido: pode fugir, pode se esquivar, pode ficar quieto, pode evitar o seu dono, e pode agir de modo que seu dono fique culpado pelo que lhe fez. Certamente, nada disso foi objetivado pelo dono quando tentou controlar o cachorro.

Contudo, não é só isso que acontece com a punição. Uma série de outros processos ocorrem concomitantemente e as decorrências são as mais variadas possíveis (SKINNER, 2006, 2003, 2000, 1999, 1995, 1989, 1987, 1978; FERSTER; SKINNER, 1957; BAUM, 1999).

Embora Skinner tenha esmiuçado cada um desses processos e fornecido os suportes técnicos para compreender e alterar todos os cenários possíveis, não se viu necessidade em reproduzir esses pormenores neste trabalho, porque o até aqui exposto é suficiente para justificar o que esse cientista esclarece não só a respeito da ineficiência da punição, mas o porquê de ela parecer ser eficiente:

> Inquestionavelmente a **punição** severa tem um **efeito imediato** na redução da tendência para agir de uma certa maneira. Sem dúvida, **este** [sic] **resultado é responsável pelo seu largo uso.** "Instintivamente" atacamos qualquer um que nos ofenda – talvez não com um ataque físico, mas com críticas, desaprovação, vituperação [censurar] ou ridículo. Havendo ou não uma tendência herdada para se fazer isso, **o efeito imediato do procedimento é suficientemente reforçador para explicar sua ocorrência.** Todavia, a longo prazo a punição realmente **não elimina** o comportamento de um repertório [tudo o que um organismo faz] [...]. [Sem grifo no original] (SKINNER, 2003, p. 208)

O que B. F. Skinner (2006, 2003, 2000, 1999, 1995, 1989, 1987, 1978; BAUM, 1999) está afirmando é que, essa técnica é reforçadora para o indivíduo que pune, porque proporciona um efeito imediato, o que também significa que ele voltará a punir. Essa é a principal razão para que se tenha uma crença em sua eficiência. Por outro lado, o que a pesquisa científica tem provado é que, para aquele que é punido, não haverá qualquer controle sobre seu comportamento: ele não deixará de fazer o que o reforça, e se o deixar, será apenas temporariamente. Assim, a punição não faz aquilo que se supõe que faça.

Por esse efeito mediato e das complicações que a punição causa, em geral por não ter efeitos permanentes, tal psicólogo (2003, p. 199) afirma que

> [...] A longo prazo, a punição, ao contrário do reforço, funciona com **desvantagem** tanto para o organismo punido quanto para a agência punidora. [...]. **Por milhares de anos os homens se têm perguntado se o método não poderia ser aperfeiçoado ou se algum outro procedimento não seria melhor.** [Sem grifo no original]

Entretanto, Skinner (1999, p. 25, tradução do autor) conseguiu responder como melhorar o método de controle do comportamento:

> A ciência tem aumentado firmemente nosso poder de influenciar, mudar, modelar – em uma palavra, controlar – o comportamento humano. Ela tem ampliado nosso "entendimento" (seja ele qual for) de tal modo que nós podemos lidar melhor com pessoas com [que os] jeitos não-científicos, mas ela também identificou condições ou variáveis as quais podem ser utilizadas para predizer e controlar o comportamento em uma nova, e cada vez mais rigorosa, tecnologia. [...].

> A menos que exista uma desconhecida virtude na ignorância, nossa crescente compreensão do comportamento humano propiciará todo o necessário para desenhar um mundo

adequado às necessidades dos homens. [...]. (SKINNER, 1999, p. 23-24)

Para esse cientista do comportamento, uma série de experiências despercebidas puderam ser descritas pela pesquisa científica que estudou o comportamento, o que ampliou a compreensão da humanidade, passando a permitir inclusive a previsão e controle mais satisfatórios sobre a conduta humana.

Essa nova ideia pôde, enfim, ser posta em uma afirmação, agora inteligível: "As pessoas comportam-se de maneiras que podem ser encaradas como padrões éticos, governamentais, [legais,] ou religiosos porque elas são reforçadas por fazer isso. [...]" (SKINNER, 1999, p. 36). Não é a punição ou a ameaça dela que levam as pessoas a agirem como de fato agem, tampouco é essa técnica que lhes mudam as condutas. Como agora se compreende, é só quando se modifica o reforço, a variável independente, que os comportamentos sofrem uma alteração.

A partir disso, ele (1999, p. 31, tradução do autor) revela sua opinião cientificamente fundada sobre os equívocos do Direito, em amplo sentido:

O Governo sempre foi o campo especial do controle aversivo. O Estado é frequentemente conceituado em termos de poder para punir, e a Jurisprudência apoia-se demasiadamente sobre a associada noção de responsabilidade pessoal. No entanto, é cada vez mais difícil reconciliar as práticas [Análise do Comportamento] e teorias [Behaviorismo Radical] atuais com essas primeiras visões [Governo, Jurisprudência, etc.]. [...]. Mas não importa quão contundentes são os fatos [da Análise do Comportamento], ou mesmo a conveniência prática [que eles permitem], que sustentam tamanha mudança [de paradigmas], é difícil mudar um sistema legal desenhado sobre um plano diferente [ou um princípio diferente]. Quando governos confiarem em outras técnicas (como reforço positivo, por exemplo), o conceito de responsabilidade não será mais necessário e a teoria de governo não será mais aplicável.

Em outras palavras, os produtos de uma ciência do comportamento estão pressionando o Direito[55], uma técnica especial de controle do comportamento humano, a uma revisão de paradigma. Durante muito tempo, tão longo quanto a duração da crença na eficácia da punição, os sistemas de controle abrangidos pelo Direito se basearam em sanções. A mudança desse fundamento, apesar das numerosas evidências, tem se mostrado difícil. Contudo, quando se acreditarem nos frutos da Análise do Comportamento e do Behaviorismo Radical, ver-se-á que todas as concepções anteriores são desnecessárias. É por isso Skinner insiste (1978, p. 4, tradução do autor):

> Mas por que os governos [ou o Direito] devem limitar-se a controle aversivo? **Por que não usar o reforço positivo?** Muitos governos têm os meios de fazê-lo, afinal eles têm o poder de proporcionar [coisas ao povo], bem como punir. Uma resposta pode ser que **o reforço positivo não é bem compreendido**. Seus efeitos são facilmente despercebidos; **não** sentimos o controle exercido quando nosso comportamento é positivamente reforçado. [...]. [Por outro lado] Repertórios agressivos [Comportamentos agressivos], bem como a capacidade de adquirir facilmente um comportamento agressivo, tiveram um valor de sobrevivência. Também é **fácil** aprender a tratar os outros **aversivamente** porque os resultados são **especialmente rápidos**. No entanto, o **reforço negativo** e **punição** têm sérias **desvantagens que merecem atenção**, [...]. [Sem grifo no original] (SKINNER, 1978, p. 4, tradução do autor)

---

55 Quando Skinner está falando de Governo, Estado e Jurisprudência, ele está falando como um americano, principalmente não treinado em Direito, falaria sobre os Estados Unidos e seu sistema legal. A substituição desses nomes para Direito representa apenas uma tradução entre essa perspectiva cultural e a perspectiva que um brasileiro treinado nessa matéria pode ter, porque os elementos referidos pelo cientista estão envolvidos nessa disciplina.

Como ele delimita, a adoção desses frutos pode ser apenas um problema de compreensão: o reforço positivo não é muito conhecido, e as outras técnicas, isso é, o reforço negativo e a punição, ainda levam à falsa percepção de que suas rápidas consequências são permanentes.

Embora subsista tamanha incompreensão, que invariavelmente resulta em uma resistência aos novos métodos, para Skinner (1999, p. 34), é o único caminho a ser seguido:

> Nós esperamos uma **resistência às novas técnicas de controle** daqueles que tem investimentos pesados na tecnologia **velha**, mas **não há qualquer razão para preservar uma série de princípios** que não são fins em si mesmos, mas sim **meios obsoletos** para se alcançar um fim. O que **é preciso** é uma concepção nova do comportamento humano, uma que seja **compatível com as implicações de uma análise científica**. [...]. (SKINNER, 1999, p. 34)

Vê-se, pois, em termos machianos, que a experiência se tornou incompatível com as ideias que a substituíam, pelo que novas ideias devem substitui-la corretamente.

Tendo em vista todos os resultados desta pesquisa, poder-se-á concluir sobre o erro de Kelsen.

Agora considere a alternativa: e se eu estiver certo? E se a profecia estiver certa? Se amanhã a guerra pudesse ter um fim, não valeria a pena lutar por isso? Não valeria morrer por isso?

Morpheus[56]

56 THE MATRIX RELOADED. Direção: Andy e Larry Wachowski. [S.I.]: Warner Bros. Pictures, 2003. 1 DVD (138 min). [tradução do autor da epígrafe].

CAPÍTULO 5
CONCLUSÕES

Diante de toda essa exposição de resultados, algumas considerações podem ser tecidas e uma proposta de intervenção se insurgirá sobre as informações presentes neste trabalho.

Com esta investigação, buscou-se fazer uma crítica contundente a Hans Kelsen, na tentativa de falsear sua teoria pela cientificidade. Para tanto, fez-se uma pesquisa bibliográfica para responder: quais os referenciais teóricos de Kelsen para sua Ciência do Direito? Quais os seus argumentos? Como eles podem ser interpretados? Quais os pontos de sua abordagem devem ser testados cientificamente? Como eles podem ser criticados?

O presente empreendimento científico pôde averiguar, assim, que o pensador Ernst Mach, entre várias contribuições, propusera uma perspectiva peculiar sobre a Ciência: sua finalidade é substituir a experiência humana por ideias que poupem os homens dos problemas de vivenciá-las novamente, e, com pesquisas científicas, as experiências ainda despercebidas poderiam ser encontradas e forçar as ideias explicativas a, por assim dizer, evoluírem para explicações mais coerentes com a realidade. Isso era uma economia de pensamento, especialmente importante em uma Ciência única: os ramos científicos experimentariam e forneceriam ideias para os demais ramos, atualizando-os e evitando que eles tivessem que reviver os mesmos fatos. Viu-se que o Círculo de Viena, após Mach, relembrara essas contribuições e esse modelo de unificação científica, embora possam ter dado a sua própria interpretação e criado outras ferramentas em suas discussões filosóficas.

Pode-se revelar que o jurista Hans Kelsen mantinha relações amistosas com integrantes do Círculo de Viena, aqueles que idolatraram aquele pensador e foram fortemente influenciados por sua perspectiva científica, o que, consequentemente, fez com que tal jurista utilizasse a produção intelectual de Mach para construir seu argumento pela cientificidade do Direito. Ao analisar a obra desse defensor da ciência jurídica, descobriu-se que, para ele, o Direito visa o controle do comportamento humano pela punição e que, por essa finalidade, um princípio diverso da causalidade era estudado nessa matéria jurídica: a imputação, isso é, a ligação entre uma conduta (comportamento) de um homem e a consequência punitiva (comportamento) que outro homem lhe aplica.

Em Kelsen, vasculhou-se os pontos de sua abordagem para submetê-los ao inquérito científico, que são: a suposição de que a melhor técnica de controle do comportamento humano é a punição, porque sempre ocorrera; a apropriação das contribuições científicas de Mach, mas distorcidas para que elas se amoldassem ao intento desse jurista em cientificar o Direito; o desrespeito ao fundamento machiano e também do Círculo de Viena; a imputação é o suporte de sua ciência embora seja meramente hipotética, porque Kelsen jamais pôs a prova seu pilar; e, por fim, a preocupação com o comportamento humano sem explicá-lo.

Para criticá-lo, estudou-se B. F. Skinner, autor que, dentro do mesmo referencial teórico, isso é, Ernst Mach, não foi seletivo em sua base filosófica, pelo contrário, a seguiu a risca e realizou experimentos para testar quaisquer hipóteses que formulara, também tentando encontrar algo que ainda estivesse despercebido ao homem. Finalmente, ele explicou o comportamento humano descobrindo como ele poderia ser eficazmente controlado.

Diante de tudo isso, algumas conclusões se impõem para

compreender melhor o porquê de se poder dizer que a imputação é uma ficção e que o Direito, erguido por Kelsen, não é uma ciência, nem está próximo de solucionar os problemas da humanidade, pelo que a Análise do Comportamento e o Behaviorismo Radical de Skinner são o futuro da humanidade.

5.1 O MUNDO ALÉM DO DIREITO

Embora um ataque aos pontos fracos de Kelsen, isso é, aqueles pontos pendentes de constatação empírica, em especial a sua imputação, possa parecer um debate inútil, tomam-se as palavras de Skinner (2003, p. 10) sobre as consequências disso: "**Se** esta fosse uma questão **meramente teórica**, não haveria motivo para alarme; mas **as teorias afetam a prática**. [...]. **Confusão na teoria** significa **confusão na prática**" [Sem grifo no original].

A lei da imputação de Kelsen é uma hipótese com a qual ele amparou a Ciência do Direito porque não via nenhuma razão para encarar o comportamento como guiado pela lei da causalidade, ao passo que via na história das sociedades humanas o frequente uso da punição como técnica efetiva para que os homens controlassem as condutas uns dos outros.

Essa mesma ciência, que se ergue sobre a imputação, não ofereceu uma explicação para o comportamento que estava embutido no objeto de seu estudo – a norma jurídica. Como a técnica era frequentemente usada, Kelsen não conseguia sequer imaginar como poderia ser a sociedade humana sem essa técnica, isso é, sem o Direito.

Como esta pesquisa deixou claro, Hans Kelsen seguiu incorretamente os ensinamentos do Círculo de Viena e daquela leitura que ele fizera da produção intelectual de Ernst Mach, não porque ele não tenha compreendido tudo isso, mas sim porque estava se apropriado dos métodos científicos apenas para cientificar o Direito.

Mach alertara que as ideias substituem a experiência, mas que as pesquisas científicas devem buscar as experiências que tenham passado despercebidas e que forçam a adaptação das ideias antigas, que já não descrevem corretamente a realidade, por ideias que substituam adequadamente os fatos empíricos. Kelsen, pelo visto, optou apenas pela primeira parte dessa lição e não deu nenhuma justificativa para essa escolha.

Quando Hans Kelsen opta por encontrar no pensamento do homem um princípio diferente da causalidade, bem como no instante em que ele igualmente escolhe não realizar qualquer experimento para confirmar ou, ao inverso, derrubar essa compreensão; esse jurista prefere uma hipótese para fundar sua ciência.

Entretanto, nem todos os que leram Ernst Mach fizeram o que Kelsen fizera. Um psicólogo chamado Skinner, por sua vez, postulou, com fartas evidências científicas, que o comportamento humano segue a causalidade, ou, em seus termos, uma relação funcional. Dessa maneira ele não só provou que a lei da causalidade, aquela que o jurista não tinha qualquer razão para adotar, era aplicável aos comportamentos humanos, como, ao contrário de Kelsen, descobriu como controlar eficazmente o comportamento humano: o reforço positivo.

Seguindo estritamente o conhecimento machiano, B. F. Skinner provara que a punição, a técnica preferida por Kelsen, não era só totalmente ineficiente em controlar o comportamento como tinha resultados que não eram desejados.

Ao se esquecer que Kelsen e Skinner se fundam em um mesmo referencial teórico, a questão pode passar despercebida e se pode até achar que há uma escolha a ser feita, que os fundamentos de ambas as ciências são diferentes. Obviamente, não é esse o caso que foi exposto. Entre esses dois, o fiel da balança é Mach, o ponto comum entre eles, e que disse antes deles quem estaria errado: "[...] **Nós erramos quando esperamos mais esclarecimento de uma hipótese do que dos próprios fatos**" [Sem grifo no original] (SKINNER, 1919, p. 498, tradução do autor).

Não há, aqui, qualquer juízo a ser feito, nem se pode conceber que, no mesmo referencial, esses dois autores são válidos: Mach disse que a humanidade erra quando espera mais esclarecimento de hipóteses que dos próprios fatos.

A Ciência de Skinner decifrou o que a Ciência de Kelsen se recusou a fazer – e saliente-se que essa é uma ciência apenas baseada em hipóteses. Aquela encontrou os fatos e colocou-se a frente para solucionar os conflitos da raça humana, pelo que já não há espaço para essa hipótese kelseniana. Com uma ciência do comportamento, todos os fenômenos que o Direito de Kelsen excluiu da análise científica encontram uma explicação.

Então, se houver a permanência da imputação, da retribuição, da sanção, da punição ou qualquer outra técnica de controle que não seja o reforço positivo que Skinner descobriu, continuar-se-á em uma falsa explicação, continuar-se-á errado, o que não difere em nada da metafísica que Mach combateu, do mentalismo que Skinner enfrentou ou do direito natural que o próprio Kelsen rejeitou.

Torna-se possível dizer que imputação ou retribuição, apesar de familiar, não são as respostas nas quais serão dissipados os problemas humanos. Aliás, elas afastam a solução deles, na medida em que encerram a cadeia causal de explicações ao não se pronunciarem sobre o quê provoca uma ação humana, ao aduzirem que toda a ação consequente é determinada pela norma ou deve ser, e que a punição é a técnica primordial para o controle da conduta dos seres humanos.

Nenhum comportamento humano, dentro de uma compreensão evolutiva e radicalmente comportamentalista, concebida na fonte de Ernst Mach, é determinado em última instância por uma lei, e sim por modificações que acontecem no reforço que se segue ao comportamento. Essas modificações nessas variáveis independentes que estão fora do organismo são o porquê de se imputar ou não uma norma, de fazer ou não o que está proibido. Nesse contexto, a imputação é apenas uma parte do fenômeno comportamental, não sua explicação.

Como bem ensinou Skinner, quando um homem pune outro por um mau comportamento ele não está fazendo isso porque é o que deve ser feito ou é o que uma lei determinou que fizesse. Um homem pune outro apenas porque a punição tem um efeito imediato, que reforça o comportamento daquele que pune. Todavia, esse é um efeito temporário: a sanção é incapaz de mudar a conduta permanentemente.

É com toda essa exposição, com fundamento em Ernst Mach, o formulador original de muitas das ideias distorcidas por Hans Kelsen, mas aproveitadas na pesquisa e nas obras de B. F. Skinner, que é possível continuar a influência machiana e inaugurar o combate científico a uma outra falsa explicação: o Direito.

O Direito, um sistema de normas em geral punitivas como Skinner definiria, ou uma ordem coercitiva, como Kelsen definiu, está essencialmente utilizando a mesma técnica de controle que já se sabe inútil: a punição.

Mas esse problema pode ser corrigido, especialmente se revisitando Kelsen (1998b, p. 28), no instante em que ele sabe de sua própria ignorância:

[...] Tampouco **sei** se é **possível ou não** o gênero humano se **emancipar totalmente** dessa **técnica social** [a coerção/punição]. Mas, **caso a ordem social** viesse **no futuro** a não mais possuir o caráter de ordem coercitiva, caso **a sociedade viesse a existir sem o "Direito"**, então, a diferença entre essa **sociedade do futuro** e a do presente seria **incomensuravelmente maior** que a diferença entre os Estados Unidos e a Babilônia antiga, ou entre a Suíça e a tribo *ashanti*. [Sem negrito no original, itálico do autor]

Esse jurista austríaco não conseguia ver como o homem poderia se emancipar da técnica da punição e constituir uma sociedade que existisse sem o Direito. Ele não consegue ver, porque ainda está despercebido para ele, mas não para Skinner, que foi capaz de dizer sobre a inutilidade de todos os sistemas que se baseiam na punição:

Se os futuros dos governos, religiões e sistemas capitalistas são congruentes com o futuro da espécie, o nosso problema estaria resolvido. Quando se descobrir que um determinado comportamento põe em perigo a espécie humana, as instituições o declarariam ilegal, pecaminoso, ou muito caro, respectivamente, e mudariam as contingências que impõem [modo de controle]. Infelizmente, os futuros são diferentes. As armas nucleares são feitas para garantir a sobrevivência dos governos e das religiões, e não da espécie. [...]. (SKINNER, 1987, p. 7, tradução do autor)

É o que já se sabe que Skinner alertara: a punição reforça a quem pune, mas não muda nada naquele que é punido. Essa é a semente para que, dentro da raça humana, uns queiram sobreviver em detrimento de outros.

Mas Skinner, ao contrário de Kelsen, pôde ver como começa o futuro da humanidade sem o Direito:

Um final mais feliz pode ser feito assim: Aqueles que viram o perigo começaram a fazer mais do que simplesmente falar sobre isso. Eles começaram a estudar o comportamento humano com métodos que evoluíram na física e na biologia. Eles **pararam de olhar para o que as pessoas haviam feito até aquele momento** e passaram a confiar no que eles estavam vendo elas fazerem em condições cuidadosamente controladas. Uma ciência e uma tecnologia do comportamento então emergiram livres ideologias governamentais, religiosas e econômicas. Melhores práticas culturais foram projetadas. **Enquanto isso, as práticas antiquadas se enfraqueceram na medida em que suas justificativas se tornaram suspeitas.** Os governos já não forneciam a ordem e a segurança. [...]. [Sem grifo no original] (SKINNER, 1999, p. 14, tradução do autor).

Então, com o que esta pesquisa permite concluir, a imputação não constitui um suporte para uma ciência que se propõe a controlar o comportamento humano: os estudos de Skinner são exatamente a experiência inversa que explica melhor o que está acontecendo no mundo, devendo ser levados até o Direito por uma questão de economia de pensamento e unificação da Ciência.

O Direito que nascer da imputação não será, pois, um saber científico após a chegada das novas explicações. Ele será a ignorância de Kelsen ao conhecimento de Popper[57] (1992 apud TALEB, 2008, p. 357) no auge de uma de suas poucas conformações à Mach:

A degeneração das escolas filosóficas é por sua vez a conseqüência da **crença equivocada** de que se pode **filosofar sem que se tenha sido compelido a filosofar por problemas fora da filosofia** (...) Problemas filosóficos genuínos são sempre enraizados fora da filosofia, e **eles morrem se essas raízes apodrecerem** (...). As raízes são **facilmente esquecidas**

---

57 POPPER, Karl R. **Conjectures and Refutations: The Growth of Scientific Knowledge**. 5. ed. Londres: Routledge, 1992.

por filósofos que **"estudam" filosofia** em vez de serem forçados rumo à filosofia pela pressão de **problemas não-filosóficos.**

Aos olhos de Mach, como se conclui, o erro de Kelsen é filosofar sobre hipóteses científicas sem os fatos que o permitissem tanto, esquecendo-se da experiência, de submeter suas ideias às pesquisas científicas. Agindo assim, ele foi superado por Skinner. Porém, se Kelsen é um cientista, ele talvez concorde que: "A ciência é uma disposição de **aceitar os fatos** mesmo quando **eles são opostos aos desejos.** [...]" [Sem grifo no original] (SKINNER, 2003, p. 13).

Então, com os frutos da Análise Comportamental e do Behaviorismo Radical, o futuro começa em algum ponto além do Direito. Em algum ponto sem o Direito.

[...] A profecia não é mais a cognição pura, mas o conhecimento aplicado à técnica.

Kelsen[58]

58 (KELSEN, 1998a, p. 319).

REFERÊNCIAS[1]

BAUM, William M. **Compreender o Behaviorismo**: Ciência, Comportamento e Cultura. Tradução de Maria Teresa Araujo Silva, Maria Amelia Matos, Gerson Yukio Tomanari e Emmanuel Zagury Tourinho. Porto Alegre: Editora Artes Médicas Sul [Artmed], 1999.

CAT, Jordi. The Unity of Science. **The Stanford Encyclopedia of Philosophy**. Stanford, Fall 2010 Edition, Edward N. Zalta (Ed.). Disponível   em <http://plato.stanford.edu/archives/fall2010/entries/scientific-unity/>. Consulta em 03 de outubro de 2010.

CHAPMAN, Siobhan. **Language and Empiricism, after the Vienna Circle**. New York: Palgrave Macmillan, 2008.

COELHO, Fábio Ulhoa. **Para entender Kelsen**. 4. ed. rev. São Paulo: Saraiva, 2001.

CUNHA, Rachel Nunes da; VERNEQUE, Luciana Patrícia Silva. Notícia: Centenário de B. F. Skinner (1904-1990): uma ciência do comportamento humano para o futuro do mundo e da humanidade. **Psicologia: Teoria e Pesquisa**. 2004, vol. 20, n.1, p. 93-94. Disponível   em

---

1 De acordo com a Associação Brasileira de Normas Técnicas. NBR 6023 (Autor-Data).

<http://www.scielo.br/scielo.php?script=sci_arttext&pid=S0102-37722004000100014&lng=en&nrm=iso&tlng=pt>. Consulta em 20 de outubro de 2010.

FERSTER, C. B.; SKINNER, B. F. **Schedules of Reinforcement**. Reimpressão. Acton, MA [EUA]: Copley Publishing Group, 1957.

FULGENCIO, Leopoldo. Convocação para a fundação de uma "Sociedade para a Filosofia Positivista". **Natureza Humana**. São Paulo, v. 2, n. 2, p. 429-438, dez. 2000. Disponível em <http://pepsic.bvsalud.org/scielo.php?script=sci_arttext&pid=S1517-24302000000200008&lng=en&nrm=iso>. Consulta em 07 de setembro de 2010.

GORTON, William A. **Karl Popper and the Social Sciences**. Albany: State University of New York Press, 2006.

HAHN, Hans; NEURATH, Otto; CARNAP, Rudolf. A Concepção Científica do Mundo – O Círculo de Viena. **Cadernos de História e Filosofia da Ciência**, Campinas, n. 10, p. 5-20, 1986. Tradução de Fernando Pio de Almeida Fleck.

HOLTON, Gerald. **Ernst Mach in America**. Praga: Charles University and Czechoslovak Academy of Science, 29 p., 1988. Paper para "Scientific Conference of Ernst Mach". Também disponível em <http://web.mit.edu/sts/pubs/working.html>.

HUME, David. **Tratado da natureza humana**: uma tentativa de introduzir o método experimental de raciocínio nos assuntos morais. 2. ed. rev. e amp. Tradução de Débora Danowski. São Paulo: Editora UNESP, 2009.

INWAGEN, Peter van. Metaphysics. **The Stanford Encyclopedia of Philosophy**. Stanford, Fall 2010 Edition, Edward N. Zalta (Ed.). Disponível em <http://plato.stanford.edu/archives/fall2010/entries/metaphysics/>. Consulta em 06 de outubro de 2010.

JABLONER, Clemens. Kelsen and his Circle: The Viennese Years. **European Journal of International Law**. Glasgow [Inglaterra], n. 9, p. 368-385, 1998.

KELSEN, Hans. **O que é justiça?:** A Justiça, o Direito e a Política no espelho da ciência. 2. ed. Tradução de Luís Carlos Borges. São Paulo: Martins Fontes, 1998a.

_____. **Teoria Geral do Direito e do Estado**. 3. ed. Tradução de Luís Carlos Borges. São Paulo: Martins Fontes, 1998b.

_____. **Teoria Pura do Direito**. 6. ed. Tradução de João Baptista Machado. São Paulo: Martins Fontes, 1998c.

_____. **What is justice?:** Justice, Law and Politics in the mirror of science. Collected Essays by Hans Kelsen. Reimpressão. Berkeley, CA:

University of California Press, 1971.

LACERDA, Gustavo Biscaia de. Augusto Comte e o "Positivismo" redescobertos. **Revista de Sociologia Política**. Curitiba, v. 17, n. 34, p. 319-343, out. 2009.

MACH, Ernst. On thought experiments. Tradução e adaptação de Sheldon Krimsky e W. O. Price. **Philosophical Forum**, [Hoboken], v. 4, p. 446-457, spring 1973. Disponível em <http://www.tufts.edu/~skrimsky/publish.htm>. Consulta em 05 de setembro de 2010.

_____. **The Science of Mechanics:** a critical and historical account of its development. 4th ed. Tradução de Thomas J. McComarck. Chicago: The Open Court Publishing, 1919.

MARKIE, Peter. Rationalism vs Empiricism. **The Stanford Encyclopedia of Philosophy**. Stanford, Fall 2010 Edition, Edward N. Zalta (Ed.). Disponível em <http://plato.stanford.edu/archives/fall2010/entries/rationalism-empiricism/>. Consulta em 03 de outubro de 2010.

MAX PLANCK INSTITUTE FOR THE HISTORY OF SCIENCE. **The Virtual Laboratory**: Essays and Resources on the Experimentalization of Life. Disponível em <http://vlp.mpiwg-berlin.mpg.de/library/search?-max=25&author=Mach&-sort=online&-sortorder_online=desc&-table=vl_literature&-op_author=all&-error=&-display=full>. Consulta em 24 de outubro de 2010.

MORRIS, William Edward. David Hume. **The Stanford Encyclopedia of Philosophy**. Stanford, Fall 2010 Edition, Edward N. Zalta (Ed.). Disponível em <http://plato.stanford.edu/archives/fall2010/entries/hume/>. Consulta em 07 de outubro de 2010.

NEURATH, Otto. **Empiricism and Sociology**. Edição de Marie Neurath e Robert S. Cohen. Tradução de Paul Foulkes e Marie Neurath. Boston: D. Reidel, 1973.

POJMAN, Paul. Ernst Mach. **The Stanford Encyclopedia of Philosophy**. Stanford, Summer 2010 Edition, Edward N. Zalta (Ed.). Disponível em <http://plato.stanford.edu/archives/sum2010/entries/ernst-mach/>. Consulta em 02 de setembro de 2010.

POPPER, Karl Raymund. **A lógica da pesquisa científica**. 9. ed. Tradução de Leonidas Hegenberg e Octanny Silveira da Mota. São Paulo: Cultrix, 2008.

_____. **Lógica das ciências sociais**. 3. ed. Tradução de Estevão de Rezende Martins, Apio Cláudio Muniz Acquarone Filho, Vilma de Oliveira Moraes e Silva. Rio de Janeiro: Tempo Brasileiro, 2004.

RODRIGUES, Maria Ester. Behaviorismo: Mitos, Discordâncias,

Conceitos e Preconceitos. **Educere et Educare – Revista de Educação**, Cascavél, v. 1, n. 2, p. 141-164, jul./dez. 2006.

SKINNER, B. F. **Ciência e Comportamento Humano**. 11. ed. 2. tirag. Tradução de João Carlos Todorov e Rodolfo Azzi. São Paulo: Martins Fontes, 2003.

_____. **Cumulative Record**: Definitive Edition. Acton, MA [EUA]: Copley Publishing Group, 1999.

_____. **Para além da Liberdade e da Dignidade**. Tradução de Joaquim Lourenço Duarte Peixoto. Lisboa, Portugal: Edições 70, 2000.

_____. **Questões recentes na análise comportamental**. 2. ed. Tradução de Anita Liberalesso Neri. Campinas: Papirus Editora, 1995.

_____. **Recent issues in analysis of behavior**. Columbus, OH: Merrill Pub. Co., 1989.

_____. **Reflections on Behaviorism and Society**. Englewood Cliffs, New Jersey: Prentice-Hall, 1978.

_____. **Sobre o Behaviorismo**. 10. ed. Tradução de Maria da Penha Villalobos. São Paulo: Pensamento-Cultrix [Cultrix], 2006.

_____. **Upon further reflection**. Englewood Cliffs, New Jersey: Prentice-Hall, 1987.

TALEB, Nassim Nicholas. **A lógica do Cisne Negro:** o impacto do altamente improvável. 2a ed. Tradução de Marcelo Schild. Rio de Janeiro: Best Seller, 2008.

UEBEL, Thomas. Vienna Circle. **The Stanford Encyclopedia of Philosophy**. Stanford, Summer 2010 Edition, Edward N. Zalta (Ed.). Disponível   em <http://plato.stanford.edu/archives/sum2010/entries/vienna-circle/>. Consulta em 02 de setembro de 2010.

UZGALIS, William. John Locke. **The Stanford Encyclopedia of Philosophy**. Stanford, Fall 2010 Edition, Edward N. Zalta (Ed.). Disponível   em <http://plato.stanford.edu/archives/fall2010/entries/locke/>. Consulta em 03 de outubro de 2010.

WEBER, Christina. **Ernst Mach's Bibliography**. Disponível em < http://depts.washington.edu/vienna/mach/machbib.htm>. Consulta em 23 de novembro de 2010.

www.ingramcontent.com/pod-product-compliance
Lightning Source LLC
Chambersburg PA
CBHW030657220526
45463CB00005B/1809